maraboutchef

# spécial wok

maraboutchef
spécial wok

# pour vous mettre en appétit...

Sauté d'agneau de Mongolie

Crêpes chinoises au porc et aux légumes

Sauté aux crevettes et à l'omelette

Canard au curry panang

Bœuf et omelette aux champignons

Tofu sauté au porc haché et chou chinois

Poulet pané au chou rouge

Crevettes au basilic thaï croustillant

Riz complet sauté

Poulet au citron et légumes verts asiatiques

Nasi goreng aux crevettes

Agneau à la sauce hoisin

Poulet aux noix de cajou, châtaignes d'eau et brocoli

Somen et tempura de poisson

calamars au cumin

Crevettes pimentées aux nouilles de riz

# LES BASES DU WOK

La cuisson au wok est une façon rapide, facile et saine de cuisiner, mais cette méthode asiatique nécessite du matériel de base et le respect de quelques règles d'or. Vous pourrez vous procurer un wok dans la plupart des supermarchés asiatiques.

## QUEL WOK ACHETER ?

Le wok en acier est non seulement bon marché, mais il permet de cuisiner à la perfection. De plus, il vaut largement les autres types de woks, souvent bien plus onéreux. Prenez le wok en main avant de l'acheter afin de choisir la poignée qui vous convient le mieux. Une poignée en bois est parfaite pour un wok petit ou moyen car il est facile à manipuler. Les woks de grande taille, plus lourds à manipuler, sont souvent munis de deux poignées métalliques permettant de le déplacer plus facilement sur le feu. En revanche, les poignées deviennent brûlantes à la cuisson. Réfléchissez à la taille du wok dont vous aurez besoin. Si les membres de votre famille ne mangent pas toujours ensemble, il peut être préférable de choisir un wok plus petit pour réaliser des plats pour 1 ou 2 personnes. Choisissez-en un compatible avec votre table de cuisson. Respectez les instructions du fabricant. Vous devrez peut-être choisir un wok plutôt à fond plat ou investir dans un anneau servant de support au wok à fond arrondi.

## LES ACCESSOIRES POUR WOK

La spatule spéciale wok, appelée « chan » en chinois, est parfaitement adaptée à la forme du wok. Elle n'est pas indispensable mais se révèle très pratique pour remuer les ingrédients. Le couvercle vous sera également très utile. Achetez un couvercle qui permet de couvrir le wok de manière hermétique car cela permet de conserver la vapeur et la chaleur – ce qui est idéal pour les fruits de mer où une chaleur très élevée est nécessaire pour les cuire rapidement sans faire durcir la chair. De plus, un couvercle est parfait pour faire fondre rapidement les légumes à feuilles asiatiques. Un support à wok en forme d'anneau permet de le stabiliser sur la table de cuisson. Pour les tables de cuisson électriques, achetez un support en métal muni de trous de ventilation. Pour la cuisson au gaz, choisissez un support adapté pour que la flamme soit suffisamment ventilée. Il existe d'autres accessoires, comme de longues baguettes, pour remuer les aliments pendant la cuisson, une écumoire, des paniers pour la cuisson vapeur, une spatule plate, etc., mais un wok et un « chan » suffisent largement pour commencer.

## CULOTTER UN WOK

Votre nouveau wok doit être culotté avant la première utilisation. Si vous le pouvez, faites-le dehors sur un barbecue car cette opération dégage beaucoup de fumée. Il existe de nombreuses théories sur le culottage du wok, mais il s'agit avant tout de créer une patine d'huile à l'intérieur du wok entraînant le noircissement de celui-ci. Vous découvrirez que les aliments ne collent quasiment jamais dans un wok qui a beaucoup servi. Avant de commencer le culottage, lavez le wok à l'eau chaude savonneuse, rincez-le puis séchez-le. Versez de l'huile d'arachide – elle se prête le mieux aux températures élevées – sur du papier absorbant et frottez toute la surface à l'intérieur du wok. Posez le wok sur le feu, baissez le feu puis augmentez progressivement le feu jusqu'à ce que l'huile commence à fumer. Il est recommandé de répéter l'opération plusieurs fois en laissant le wok refroidir complètement à chaque fois. Après avoir utilisé le wok, lavez-le à l'eau chaude savonneuse en frottant doucement avec une éponge non abrasive, rincez-le et séchez-le bien. Pour sécher complètement le wok, posez-le quelques minutes sur le feu. Si vous n'utilisez pas le wok pendant un certain temps, frottez l'intérieur avec un peu d'huile puis couvrez la surface avec du film plastique pour l'empêcher de rouiller. Avant de l'utiliser, retirez le film, lavez-le, rincez-le puis séchez-le.

## SAUTÉ EXPRESS

Vous pouvez bien sûr utiliser une poêle pour faire sauter des aliments, mais elle ne sera pas aussi facile à manipuler qu'un wok. Pour préparer un sauté, il faut remuer les aliments de manière énergique. Une technique difficile à réaliser à la poêle alors qu'un wok est réellement conçu pour ce type de cuisson. Le temps de cuisson étant très court, les membres de votre famille ont tout intérêt à se tenir prêts à manger, baguettes en main ! Il n'y a rien de plus affligeant que de voir un sauté en train de refroidir. Ne mettez jamais trop d'aliments dans le wok pendant la cuisson car cela ferait baisser la température et les aliments perdraient alors leur croquant. N'oubliez pas de préparer à l'avance du riz, des nouilles, etc. pour les servir avec les sautés.

# PETIT GUIDE DES SAUCES

### SAUCE SOJA CLAIRE

cette sauce liquide de couleur claire est plus salée que la version foncée. Elle est utilisée lorsqu'on veut conserver la couleur naturelle des aliments. Elle sert également de condiment et se marie bien avec les soupes, le poisson blanc, le poulet et le porc.

### SAUCE SOJA FONCÉE

cette sauce de consistance épaisse est moins salée que la sauce soja claire. Elle possède une saveur maltée et contient généralement du caramel. Utilisez-la pour préparer des plats braisés ou mijotés avec de la viande rouge ou du gibier.

### SAUCE SOJA JAPONAISE

appelée aussi tamari. Elle est préparée à base de fèves de soja fermentées et contient moins de froment que la plupart des autres sauces soja. Elle possède une saveur intense et s'utilise pour cuisiner et pour tremper les aliments. Elle accompagne bien les poissons crus de type sashimis et les poissons gras.

### KECAP MANIS

une sauce foncée et épaisse, indonésienne, sucrée au sucre de palme. Elle est parfois parfumée avec de la badiane et de l'ail. On l'utilise pour cuisiner, surtout avec de la viande rouge, et pour tremper les aliments. Elle est souvent utilisée pour remplacer la sauce soja foncée.

### KECAP ASIN

cette sauce indonésienne est une sauce soja salée. Elle ressemble beaucoup à la sauce soja claire chinoise, même si elle est un peu plus épaisse et possède un parfum plus fort. Elle se marie bien avec le poisson blanc.

### NUOC-MÂM

sauce asiatique appelée également sauce de poisson. Elle est préparée à base de poissons salés fermentés, généralement des anchois ou des calamars. Il existe plusieurs variétés : certaines ont une saveur légère et sont parfaites pour tremper les aliments, d'autres sont plus fortes et doivent être plutôt utilisées pour cuisiner. À utiliser avec parcimonie.

### HOISIN

sauce chinoise onctueuse, douceâtre et parfumée, composée de fèves de soja fermentées et salées, d'oignon et d'ail. Elle sert pour préparer des marinades et entre dans la réalisation du canard ou du porc laqué. Elle est également servie avecle canard laqué.

### SAUCE AUX PRUNES

sauce aigre-douce épaisse à base de prunes, de vinaigre, de sucre, de piment et d'épices. Elle est utilisée en Chine pour tremper les aliments frits ou pour composer des marinades.

### SAUCE AUX HARICOTS NOIRS

sauce forte en goût, salée, composée de fèves de soja fermentées. Elle est utilisée pour les sauces et les marinades de fruits de mer et de viande. À utiliser avec parcimonie.

### SAUCE D'HUÎTRES

sauce asiatique épaisse et brune à base d'huîtres, de sel, de sauce soja et d'épices. Elle se marie bien avec la viande, les fruits de mer et les légumes asiatiques à la vapeur. Elle entre souvent dans la composition de sauces ou de marinades.

### SAUCE PIMENTÉE

il existe différentes sortes de sauces pimentées. Elles sont utilisées pour cuisiner et comme condiment. La sauce pimentée se marie bien avec tous les aliments parfumés. Le degré de piquant étant très variable, il faut l'ajouter progressivement.

### PÂTE DE SOJA PIMENTÉE

sauce épicée et salée à base de fèves fermentées, de fèves de soja, de riz, de piment et d'épices. Elle se marie bien avec les légumes sautés et le riz sauté. On peut la remplacer par du Kochujang coréen.

### SAUCE PIMENTÉE DOUCE

sauce à base de piments et de sucre. Elle est très utilisée dans les pays occidentaux et se marie bien avec les crevettes, les rouleaux de printemps et les plats au poulet.

### TERIYAKI

le terme désignait autrefois des aliments marinés dans un mélange de sauce soja sucrée, de saké, de gingembre, et sucre et d'autres aromates, puis grillés ou sautés. La sauce prête à l'emploi contient les mêmes ingrédients. Elle se marie bien avec le poulet et la plupart des viandes.

### CHAR SIU

cette sauce chinoise pour barbecue est à base de hoisin, de xérès, de soja, de sucre, de pâte de haricots noirs et de cinq-épices. Elle accompagne traditionnellement le porc grillé mais est également parfaite pour laquer du jambon, du canard ou de l'agneau.

### XO

sauce chinoise épicée préparée avec des crevettes et des poissons séchés et cuite avec des piments, des oignons, de l'ail et de l'huile. À servir en petite quantité avec des fruits de mer. Le nom de la sauce provient du cognac Xo, très populaire en Chine et symbole de luxe.

# DÎNER AU WOK POUR DEUX

prêt en **25 MIN**

## PORC THAÏ AU LAIT DE COCO ET À LA CORIANDRE

125 ml de lait de coco
1 c. à s. de racine et de tiges de coriandre fraîche grossièrement hachées
1 gousse d'ail coupée en quatre
1 c. à c. de nuoc-mâm
250 g de filet de porc coupé en fines tranches
2 c. à s. d'huile d'arachide
2 cm de gingembre frais (10 g) coupé en fins bâtonnets
500 g de mini pak choï sans les feuilles
2 c. à c. de jus de citron vert
4 c. à s. de feuilles de coriandre hachées
1 long piment vert coupé en fines tranches
sel, poivre

**Par portion** 457 kcal ; 33,1 g de lipides (dont 15,2 g de graisses saturées) ; 5,6 g de glucides ; 32,3 g de protéines ; 5 g de fibres

**1.** Mixez 80 ml de lait de coco, la racine et les tiges de coriandre, l'ail et le nuoc-mâm dans un robot ou un blender. Mélangez avec le porc dans un saladier.
**2.** Faites chauffer la moitié de l'huile dans un wok. Faites revenir le gingembre. Ajoutez le pak choï et faites-le sauter jusqu'à ce qu'il soit tendre. Retirez-le du wok et réservez-le à couvert pour le garder au chaud.
**3.** Retirez le porc de la marinade. Faites chauffer le reste d'huile dans le wok et faites dorer le porc en plusieurs fois en le retirant du wok au fur et à mesure.
**4.** Ajoutez la marinade, le reste de lait de coco et le jus de citron vert. Portez à ébullition. Remettez le porc dans le wok. Remuez pour réchauffer. Salez et poivrez.
**5.** Disposez le pak choï dans des assiettes et ajoutez le porc sauté. Parsemez de coriandre et de piment.

**Servez le plat avec des quartiers de citron vert et du riz thaï nature ou des nouilles.**
**Pour une version moins calorique, utilisez du lait de coco allégé.**

prêt en **30 MIN**

# BOULETTES DE BŒUF AU CURRY, HARICOTS VERTS ET CHOU

250 g de bœuf haché
2 c. à c. de pâte de curry jaune
5 c. à s. de coriandre fraîche hachée
2 c. à s. d'huile d'arachide
1 oignon moyen (150 g) coupé en fines tranches
100 g de haricots verts équeutés et coupés en deux
1 gousse d'ail écrasée
1 long piment vert coupé en fines tranches
1 c. à c. de curry en poudre
½ chou chinois (350 g) coupé en lanières
2 c. à s. de crème de coco
60 ml d'eau
sel, poivre

**Par portion** 481 kcal ; 36 g de lipides (dont 12,1 g de graisses saturées) ; 8,8 g de glucides ; 28,4 g de protéines ; 6 g de fibres

**1.** Mélangez le bœuf haché, la pâte de curry et 1 cuillerée à soupe de coriandre dans un saladier. Formez 6 boulettes. Faites chauffer la moitié de l'huile dans un wok et faites cuire les boulettes en plusieurs fois en les retirant du wok au fur et à mesure.
**2.** Faites chauffer le reste d'huile dans le wok et faites sauter l'oignon et les haricots verts jusqu'à ce que les haricots verts soient tendres. Ajoutez l'ail, le piment et le curry en poudre et faites-les revenir. Remettez les boulettes de viande dans le wok et ajoutez le chou chinois, la crème de coco et l'eau. Faites sauter jusqu'à ce que le chou soit cuit. Salez et poivrez. Au moment de servir, parsemez le reste de coriandre.

**Pour une version moins calorique, utilisez du lait de coco allégé.**
**Servez le plat avec du riz thaï nature.**

prêt en **20 MIN**

## MOULES PIMENTÉES ET NOUILLES HOKKIEN

440 g de nouilles hokkien fines
2 c. à s. d'huile d'arachide
1 échalote (25 g) coupée en fines tranches
2 gousses d'ail écrasées
4 cm de gingembre frais (20 g), râpé
1 kg de moules nettoyées
2 c. à s. de vin de riz chinois
2 ciboules coupées en fines tranches
1 long piment rouge frais coupé en fines tranches
2 c. à s. de sauce pimentée douce
4 c. à s. de feuilles de coriandre
sel, poivre

**Par portion** 587 kcal ; 22 g de lipides (dont 4,2 g de graisses saturées) ; 66,7 g de glucides ; 24,4 g de protéines ; 5,9 g de fibres

1. Mettez les nouilles à gonfler dans un saladier d'eau bouillante puis séparez-les avec une fourchette et égouttez-les.
2. Faites chauffer la moitié de l'huile dans un wok et faites dorer l'échalote, l'ail et le gingembre. Ajoutez les moules et le vin de riz. Faites cuire à couvert pendant 5 minutes environ jusqu'à ce que les moules soient ouvertes (jetez celles qui restent fermées). Retirez les moules du wok. Réservez 60 ml de liquide de cuisson. Retirez la moitié des moules de leur coquille.
3. Faites chauffer le reste d'huile dans le wok. Faites revenir les ciboules et le piment. Remettez les moules dans le wok avec les nouilles, la sauce pimentée douce et le liquide de cuisson réservé. Remuez pour réchauffer. Salez et poivrez. Au moment de servir, parsemez de coriandre.

prêt en **25 MIN**

## SAUTÉ D'AGNEAU DE MONGOLIE

250 g de filet d'agneau coupé en fines tranches
2 c. à c. de sauce soja claire
2 c. à c. de fécule de maïs
2 cm de gingembre frais (10 g), râpé
1 gousse d'ail écrasée
1 c. à s. de mirin
½ c. à c. d'huile de sésame
1 c. à s. d'huile d'arachide
1 petit oignon jaune moyen (80 g) coupé en quatre
1 petit poivron rouge (150 g) coupé en fines tranches
1 c. à s. de sauce hoisin
2 c. à c. de sauce d'huîtres
1 c. à s. d'eau
100 g de pois gourmands équeutés
1 petit piment rouge thaï frais finement haché
2 ciboules coupées en fines tranches
sel, poivre

1. Mélangez l'agneau, la sauce soja, la fécule de maïs, le gingembre, l'ail, le mirin et l'huile de sésame dans un saladier.
2. Faites chauffer la moitié de l'huile d'arachide dans un wok. Faites dorer l'agneau en plusieurs fois en le retirant du wok au fur et à mesure.
3. Faites chauffer le reste d'huile d'arachide dans le wok et faites revenir l'oignon et le poivron. Remettez l'agneau dans le wok avec la sauce hoisin, la sauce d'huîtres, l'eau et les pois gourmands. Remuez pour réchauffer. Retirez du feu et ajoutez le piment et la moitié des ciboules. Salez et poivrez. Au moment de servir, parsemez du reste de ciboules.

**Par portion** 349 kcal ; 16,5 g de lipides (dont 3,7 g de graisses saturées) ; 15,4 g de glucides ; 31,4 g de protéines ; 4 g de fibres

Servez le plat avec du riz thaï nature ou des nouilles. Vous pouvez faire mariner l'agneau pendant 3 heures ou toute la nuit au réfrigérateur.

prêt en **25 MIN**

# POULET THAÏ AU CURRY ROUGE

1 ½ c. à s. d'huile d'arachide
200 g de potiron coupé en morceaux de 2 cm
2 mini aubergines (120 g) coupées en deux dans le sens de la longueur puis en morceaux
250 g de blancs de poulet coupés en lanières
270 ml de lait de coco
80 ml d'eau
2 c. à s. de jus de citron vert
2 c. à s. de pâte de curry rouge thaïe
1 feuille fraîche ou surgelée de citronnier kaffir, coupée en fines lanières
2 c. à c. de nuoc-mâm
1 c. à s. de feuilles de basilic thaï frais

**Par portion** 645 kcal ; 52 g de lipides (dont 29,5 g de graisses saturées) ; 13,3 g de glucides ; 29,1 g de protéines ; 6 g de fibres

**1.** Faites chauffer 1 cuillerée à soupe d'huile dans un wok. Faites dorer le potiron et les aubergines jusqu'à ce qu'ils soient presque cuits. Retirez-les du wok.
**2.** Faites chauffer le reste d'huile dans le wok. Faites dorer le poulet en plusieurs fois en le retirant du wok au fur et à mesure.
**3.** Remettez le potiron et les aubergines dans le wok avec le lait de coco, l'eau, le jus de citron vert, la pâte de curry, la feuille de citronnier kaffir et le nuoc-mâm. Faites mijoter sans couvrir jusqu'à ce que le poulet et les légumes soient cuits. Salez et poivrez. Au moment de servir, parsemez le plat de basilic thaï.

**Servez le plat avec du riz thaï nature.**
**Vous pouvez utiliser du lait de coco allégé.**

prêt en **20 MIN**

# POISSON AU CINQ-ÉPICES, BROCCOLINI ET POIS GOURMANDS

- 2 c. à s. de farine
- 3 c. à c. de cinq-épices
- 250 g de filets de poisson blanc à chair ferme coupés en morceaux de 3 cm
- 2 c. à s. d'huile d'arachide
- 175 g de broccolini coupé en morceaux de 3 cm ou de brocoli en fleurettes
- 1 gousse d'ail écrasée
- 150 g de pois gourmands équeutés
- 2 c. à s. d'eau
- 1 c. à s. de sauce soja japonaise
- 1 long piment rouge frais coupé en fines tranches
- sel, poivre

**Par portion** 394 kcal ; 21,6 g de lipides (dont 4,2 g de graisses saturées) ; 13 g de glucides ; 34 g de protéines ; 6,4 g de fibres

**1.** Mélangez la farine et le cinq-épices dans une assiette creuse. Farinez les morceaux de poisson. Faites chauffer la moitié de l'huile dans un wok. Faites dorer légèrement le poisson en plusieurs fois en le retirant du wok au fur et à mesure.

**2.** Faites chauffer le reste d'huile dans le wok et faites revenir le broccolini et l'ail Ajoutez les pois gourmands, l'eau et la sauce soja. Faites sauter jusqu'à ce que le broccolini soit cuit. Remettez le poisson avec le piment. Mélangez pour réchauffer. Salez et poivrez.

Cette recette est traditionnellement appelée porc Mu Shu. Les petites crêpes rondes servies avec le canard laqué pékinois sont vendues dans les épiceries asiatiques.

prêt en **25 MIN**

## CRÊPES CHINOISES AU PORC ET AUX LÉGUMES

**12 crêpes pour canard laqué (230 g)**
**1 c. à s. d'huile d'arachide**
**250 g de porc haché**
**1 c. à s. de vin de riz chinois**
**1 c. à s. de sauce soja japonaise**
**1 c. à s. de sauce d'huîtres**
**1 petite carotte (70 g) coupée en bâtonnets**
**100 g de shiitakés frais coupés en fines tranches**
**100 g de pousses de bambou émincées en boîte, rincées et égouttées**
**4 ciboules coupées en fines tranches**
**1 c. à c. d'huile de sésame**
**sel, poivre**

**Par portion** 532 kcal ; 26,9 g de lipides (dont 8,1 g de graisses saturées) ; 32,7 g de glucides ; 36,4 g de protéines ; 4,4 g de fibres

**1.** Pliez les crêpes en quatre et faites-les chauffer à la vapeur jusqu'à ce qu'elles deviennent souples.
**2.** Pendant ce temps, faites chauffer la moitié de l'huile d'arachide dans un wok et faites dorer le porc haché. Retirez-le du wok et mélangez-le dans un saladier avec le vin de riz chinois et les sauces.
**3.** Faites chauffer le reste d'huile d'arachide dans le wok et faites sauter la carotte et les shiitakés jusqu'à ce qu'ils soient tendres. Remettez le porc haché dans le wok avec les pousses de bambou et la moitié des ciboules. Faites cuire jusqu'à ce que le liquide soit presque complètement évaporé. Retirez du feu. Incorporez l'huile de sésame. Salez et poivrez.
**4.** Parsemez le porc et les légumes de ciboules et servez-les avec les crêpes.

prêt en 20 MIN

# CALAMARS ET NOUILLES AU CURRY

350 g de nouilles chinoises aux œufs
250 g de blancs de calamars nettoyés
1 gousse d'ail écrasée
1 c. à s. de sauce soja japonaise
1 c. à s. d'huile d'arachide
1 petit oignon jaune (80 g) coupé en fines rondelles
150 g de haricots verts équeutés et coupés en deux
1 c. à c. de curry en poudre
80 ml de crème de coco
1 c. à s. de jus de citron vert
2 c. à s. de feuilles de coriandre fraîche
sel, poivre

**Par portion** 732 kcal ; 21,2 g de lipides (dont 9,8 g de graisses saturées) ; 96,7 g de glucides ; 41,2 g de protéines ; 7,1 g de fibres

**1.** Mettez les nouilles à gonfler dans un saladier d'eau bouillante puis égouttez-les.
**2.** Pendant ce temps, ouvrez les calamars en les incisant sur l'un des côtés. Quadrillez l'intérieur avec la pointe d'un couteau puis découpez-les en grosses lanières.
**3.** Mélangez les calamars, l'ail et la sauce soja dans un saladier. Faites chauffer la moitié de l'huile dans un wok et faites cuire les calamars en plusieurs fois en les retirant du wok au fur et à mesure.
**4.** Faites chauffer le reste d'huile. Faites sauter l'oignon et les haricots verts jusqu'à ce qu'ils soient tendres. Ajoutez le curry et mélangez. Remettez les calamars dans le wok avec les nouilles, la crème de coco et le jus de citron vert. Mélangez pour réchauffer. Salez et poivrez. Parsemez de coriandre avant de servir.

**Vous pouvez utiliser du lait de coco allégé.**

prêt en 20 MIN

## BŒUF À LA SAUCE AUX HARICOTS NOIRS

**1 c. à s. d'huile d'arachide**
**250 g de rumstek coupé en fines tranches**
**1 petit oignon jaune (80 g) coupé en quartiers**
**1 petit poivron jaune (150 g) coupé en morceaux**
**400 g de choy sum, côtes et feuilles séparées et coupées en morceaux**
**1 ½ c. à s. de sauce aux haricots noirs, épicée**
**2 c. à c. de sauce soja japonaise**
**227 g de châtaignes d'eau entières en boîte, rincées, égouttées et coupées en quatre**
**1 c. à s. d'eau**
**2 c. à s. de noix de macadamia grossièrement hachées**

**Par portion** 391 kcal ; 21,2 g de lipides (dont 4,5 g de graisses saturées) ; 15,9 g de glucides ; 31,3 g de protéines ; 6,9 g de fibres

**1.** Faites chauffer la moitié de l'huile dans un wok. Faites dorer le bœuf en plusieurs fois en le retirant du wok au fur et à mesure.
**2.** Faites chauffer le reste d'huile. Faites sauter l'oignon, le poivron et les côtes de choy sum jusqu'à ce qu'elles soient tendres. Ajoutez les feuilles de choy sum et remuez pour les faire fondre.
**3.** Remettez le bœuf dans le wok avec les sauces, les châtaignes d'eau et l'eau. Mélangez pour réchauffer. Rectifiez l'assaisonnement si nécessaire. Au moment de servir, parsemez de noix de macadamia.

**Vous trouverez la sauce aux haricots noirs épicée dans les supermarchés asiatiques. Vous pouvez utiliser une sauce plus douce si vous préférez.**

prêt en **20 MIN**

# NOUILLES DE RIZ AUX CREVETTES ET AU PORC

**4 crevettes crues entières (180 g)**
**250 g de nouilles de riz larges, fraîches**
**2 saucisses chinoises (60 g) coupées en rondelles**
**1 c. à s. d'huile d'arachide**
**100 g de filet de porc coupé en fines tranches**
**2 gousses d'ail écrasées**
**1 petit piment rouge thaï frais finement haché**
**1 c. à s. de sauce soja foncée**
**2 c. à c. de sauce soja claire**
**1 œuf**
**2 ciboulettes chinoises grossièrement hachées**
**sel, poivre**

**Par portion** 436 kcal ; 21,3 g de lipides (dont 5,4 g de graisses saturées) ; 28,5 g de glucides ; 31,3 g de protéines ; 2,2 g de fibres

**1.** Retirez la carapace et la veine noire dorsale des crevettes en conservant la queue.
**2.** Faites gonfler les nouilles dans un grand saladier d'eau bouillante jusqu'à ce qu'elles soient souples, puis égouttez-les.
**3.** Faites chauffer le wok et faites dorer les saucisses. Égouttez-les sur du papier absorbant.
**4.** Faites chauffer l'huile dans un wok. Faites revenir le porc, l'ail et le piment jusqu'à ce que le porc soit doré. Ajoutez les crevettes et faites sauter jusqu'à ce que les crevettes deviennent roses. Remettez les saucisses dans le wok avec les nouilles et les sauces. Mélangez pour réchauffer.
**5.** Formez un creux au milieu des nouilles et ajoutez l'œuf. Mélangez bien. Salez et poivrez. Au moment de servir, parsemez de ciboulette chinoise.

**Cette recette est traditionnellement appelée char kway teow.**

**Les saucisses chinoises sont appelées lop chong et sont préparées avec de la viande de porc. Elles sont rouge foncé et ont une saveur douce et épicée. Elles sont vendues dans les épiceries asiatiques.**

prêt en **15 MIN**

## SAUTÉ AUX CREVETTES ET À L'OMELETTE

300 g de crevettes moyennes crues
1 c. à s. d'huile d'arachide
4 œufs légèrement battus
4 ciboules coupées en tronçons de 6 cm
1 gousse d'ail finement hachée
2 cm de gingembre frais (10 g), râpé
60 ml de bouillon de volaille
1 c. à c. de sauce soja japonaise
80 g de germes de soja
sel, poivre

**Par portion** 333 kcal ; 21,7 g de lipides (dont 5,5 g de graisses saturées) ; 1,7 g de glucides ; 32,4 g de protéines ; 1,6 g de fibres

**1.** Retirez la carapace et la veine noire dorsale des crevettes en conservant la queue.
**2.** Faites chauffer la moitié de l'huile dans un wok. Versez les œufs et faites cuire l'omelette en remuant le wok jusqu'à ce que l'omelette soit baveuse. Retirez l'omelette du wok et couvrez-la pour la garder au chaud.
**3.** Faites chauffer le reste d'huile dans le wok. Faites sauter les crevettes, les ciboules, l'ail et le gingembre jusqu'à ce que les crevettes deviennent roses.
**4.** Ajoutez le bouillon et la sauce soja dans le wok. Portez à ébullition. Remettez l'omelette dans le wok et faites sauter en la coupant en morceaux. Salez et poivrez. Retirez du feu et ajoutez les germes de soja.

prêt en **20 MIN**

# POULET À LA PÂTE DE SOJA PIMENTÉE

250 g de hauts de cuisse de poulet désossés et coupés en morceaux
1 c. à s. de sauce soja japonaise
1 c. à s. de vin de riz chinois
1 c. à c. d'huile de sésame
1 c. à s. d'huile d'arachide
2 ciboules coupées en fines tranches
2 cm de gingembre frais (10 g), râpé
1 gousse d'ail écrasée
1 c. à s. de pâte de soja pimentée (ou kochujang coréen)
300 g d'épinards coupés en morceaux
½ c. à c. de poivre du Sichuan concassé

**Par portion** 294 kcal ; 18,3 g de lipides (dont 3,9 g de graisses saturées) ; 2,9 g de glucides ; 26,5 g de protéines ; 3,2 g de fibres

**1.** Mélangez le poulet, la moitié de la sauce soja, du vin de riz et de l'huile de sésame dans un saladier. Retirez le poulet en l'égouttant et réservez la marinade.
**2.** Faites chauffer la moitié de l'huile d'arachide
**3.** dans un wok. Faites dorer le poulet en plusieurs fois en le retirant du wok au fur et à mesure.
**4.** Faites chauffer le reste d'huile dans le wok, faites sauter les ciboules, le gingembre et l'ail. Remettez le poulet dans le wok avec la marinade réservée, la pâte de soja pimentée, le reste de sauce soja, de vin de riz et d'huile de sésame. Portez à ébullition et faites sauter jusqu'à ce que le poulet soit cuit. Ajoutez les épinards et faites-les fondre en remuant. Au moment de servir, parsemez de poivre du Sichuan.

**Cette spécialité chinoise s'appelle traditionnellement poulet de Chengdu. Servez le plat avec du riz thaï nature. Vous pouvez faire mariner le poulet quelques heures ou toute la nuit au réfrigérateur.**

prêt en **25 MIN**

# SALADE DE NOUILLES, CREVETTES, LÉGUMES ET SÉSAME

200 g de crevettes moyennes crues
2 ½ c. à s. de graines de sésame grillées
2 c. à s. d'eau
1 c. à s. de beurre de cacahuètes onctueux
1 c. à c. de vinaigre de malt brun
1 c. à s. de sauce soja japonaise
2 c. à c. de sauce pimentée
2 c. à c. d'huile de sésame
125 g de nouilles aux œufs sèches
1 petit concombre (130 g), épépiné et coupé en bâtonnets
½ petit poivron rouge (75 g) coupé en bâtonnets
2 ciboules coupées en fines tranches
1 c. à s. d'huile d'arachide
150 g de hauts de cuisse de poulet désossés et coupés en fines tranches
sel, poivre

**1.** Retirez la carapace et la veine noire dorsale des crevettes.
**2.** Préparez une vinaigrette en mixant ou en pilant 2 cuillerées à soupe de graines de sésame. Mettez-les dans un saladier et mélangez-les avec l'eau, le beurre de cacahuètes, le vinaigre, les sauces et l'huile de sésame.
**3.** Faites cuire les nouilles à l'eau bouillante jusqu'à ce qu'elles soient tendres, puis égouttez-les. Rincez-les à l'eau froide et égouttez-les de nouveau. Mélangez les nouilles, le concombre, le poivron, les ciboules et la vinaigrette préparée précédemment. Salez et poivrez.
**4.** Pendant ce temps, faites chauffer la moitié de l'huile d'arachide dans un wok et faites cuire le poulet en plusieurs fois en le retirant du wok au fur et à mesure.
**5.** Faites chauffer le reste d'huile et faites sauter les crevettes jusqu'à ce qu'elles deviennent roses.
**6.** Mélangez le poulet et les crevettes avec les nouilles et parsemez le reste de graines de sésame.

**Par portion** 664 kcal ; 33 g de lipides (dont 5,7 g de graisses saturées) ; 48,7 g de glucides ; 39,9 g de protéines ; 5,6 g de fibres

prêt en **35 MIN**

# CANARD AU CURRY PANANG

½ canard laqué (500 g)
150 g de haricots-kilomètre coupés en tronçons de 5 cm
270 ml de lait de coco
125 ml d'eau
400 g d'ananas frais, coupé en morceaux
60 g de tomates cerises
1 c. à s. de feuilles de basilic thaï

PÂTE DE CURRY PANANG
1 c. à c. de graines de coriandre
15 piments rouges, séchés et épépinés
6 gousses d'ail coupées en quatre
6 racines de coriandre
2 échalotes (50 g) grossièrement hachées
2 tiges de citronnelle de 10 cm (40 g) coupées en fines tranches
2 c. à s. de cacahuètes grillées et non salées, grossièrement hachées
4 cm de galanga frais (20 g), râpé
80 ml d'eau
1 c. à s. de pâte de crevettes
1 c. à s. d'huile d'arachide
sel, poivre

**1.** Préparez la pâte de curry panang.
**2.** Coupez le canard en quatre et désossez-le. Coupez la chair du canard en tranches en conservant la peau.
**3.** Faites chauffer un wok huilé et faites sauter les haricots. Ajoutez 2 cuillerées à soupe de pâte de curry panang et faites sauter 2 minutes jusqu'à ce que les parfums se dégagent. Ajoutez le lait de coco, l'eau, l'ananas et le canard. Faites mijoter à découvert jusqu'à ce que le tout soit chaud. Ajoutez les tomates cerises, salez et poivrez. Au moment de servir, parsemez de basilic thaï.
**Pâte de curry panang** Faites griller les graines de coriandre à sec dans une poêle jusqu'à ce que leur parfum se dégage. Mixez-les finement avec le reste des ingrédients de la pâte de curry panang, salez et poivrez.

**Par portion** 968 kcal ; 80 g de lipides (dont 38 g de graisses saturées) ; 22,2 g de glucides ; 37,5 g de protéines ; 9,9 g de fibres

Servez avec du riz thaï nature.
Cette recette permet d'obtenir 250 ml de pâte de curry panang. Vous pouvez conserver le reste de la pâte de curry à couvert pendant 3 jours maximum au réfrigérateur ou la conserver 3 mois au congélateur en la divisant en petites portions. Vous pouvez également utiliser de la pâte de curry panang prête à l'emploi.
Pressez et secouez délicatement les piments séchés pour retirer les graines.

## BŒUF AU PIMENT ET CITRON VERT

prêt en 15 min

**2 c. à s. de farine**
**250 g de rumsteck coupé en fines lamelles**
**huile de friture**
**2 longs piments rouges coupés en fines tranches**
**1 citron vert coupé en quartiers pour servir**
**2 c. à s. de coriandre fraîche**
**sel, poivre**

Mettez la farine dans un saladier, puis salez et poivrez. Ajoutez les lamelles de rumsteck et farinez la viande. Secouez pour retirer l'excédent.
Faites chauffer de l'huile de friture dans un wok et faites frire le bœuf en plusieurs fois jusqu'à ce qu'il soit légèrement doré en le retirant du wok au fur et à mesure. Égouttez-le sur du papier absorbant. Retirez l'huile du wok et réservez-en 1 cuillerée à soupe que vous faites chauffer ensuite dans le wok.
Faites sauter les piments. Remettez le bœuf dans le wok et faites réchauffer. Servez le bœuf avec des quartiers de citron vert. Parsemez de coriandre fraîche.

**Par portion** 342 kcal ; 22,1 g de lipides (dont 4,2 g de graisses saturées) ; 8,9 g de glucides ; 27 g de protéines ; 1,2 g de fibres

**Servez le bœuf avec du riz nature ou des nouilles.**

## MAGRETS DE CANARD À LA CIBOULE

prêt en 25 min

**2 c. à s. d'huile d'arachide**
**3 ciboules coupées en fines tranches**
**4 cm de gingembre frais (20 g), râpé**
**2 magrets de canard**
**2 branches de céleri (300 g) coupées en bâtonnets**
**1 carotte moyenne (120 g) coupée en bâtonnets**
**sel, poivre**

Faites chauffer la moitié de l'huile d'arachide dans un wok et faites sauter les ciboules et le gingembre. Retirez-les du wok, salez et poivrez. Nettoyez le wok, ajoutez le reste d'huile et faites cuire 2 magrets de canard, côté peau, pendant 5 minutes jusqu'à ce que la peau soit croustillante. Retournez-les et faites-les cuire 5 minutes de plus. Retirez les magrets du wok, couvrez et laissez reposer 5 minutes puis coupez-les en fines tranches. Réservez la graisse de cuisson. Faites chauffer 1 cuillerée à soupe de graisse de canard réservée dans le wok et faites sauter le céleri et la carotte. Servez les légumes avec le canard et les ciboules.

**Par portion** 671 kcal ; 58,8 g de lipides (dont 18,8 g de graisses saturées) ; 5,2 g de glucides ; 30,7 g de protéines ; 3,4 g de fibres

**Servez avec du riz thaï nature.**

## ÉPINARDS AU PIMENT ET À L'AIL

prêt en 10 min

**1 long piment rouge**
**600 g d'épinards**
**1 c. à s. d'huile d'olive**
**1 gousse d'ail finement hachée**
**1 c. à s. de crème de coco**
**1 c. à s. de jus de citron vert**
**½ c. à c. de pâte de crevettes**
**sel, poivre**

Coupez 1 long piment rouge frais en bâtonnets. Hachez grossièrement 600 g d'épinards. Faites chauffer un wok huilé et faites sauter le piment et 1 gousse d'ail finement hachée. Ajoutez les épinards et faites-les fondre. Ajoutez 1 cuillère à soupe de crème de coco, 1 cuillère à soupe de jus de citron vert et ½ cuillère à café de pâte de crevettes. Faites sauter jusqu'à ce que le plat soit chaud, salez et poivrez.

**Par portion** 104 kcal ; 7,3 g de lipides (dont 2,4 g de graisses saturées) ; 2,5 g de glucides ; 4,5 g de protéines ; 5,1 g de fibres

**Servez avec du riz thaï nature pour accompagner une viande. Supprimez la pâte de crevettes pour en faire un plat 100 % végétarien.**

## CREVETTES ET NOUILLES À LA MODE DE SINGAPOUR

prêt en 20 min

220 g de nouilles fines de blé
12 crevettes moyennes crues
2 échalotes (50 g) coupées en fines tranches
200 ml de sauce de curry fort de Singapour, prêt à l'emploi
1 c. à s. de jus de citron vert
2 ciboules coupées en fines tranches
sel, poivre

Mettez les nouilles à gonfler dans un saladier d'eau bouillante puis séparez-les avec une fourchette et égouttez-les.
Pendant ce temps, retirez la carapace et la veine noire dorsale des crevettes en conservant la queue.
Faites chauffer un wok huilé et faites sauter les échalotes. Ajoutez la sauce de curry fort e Singapour, portez à ébullition, baissez le feu et faites mijoter à découvert jusqu'à ce que la sauce épaississe légèrement.
Ajoutez les crevettes et faites cuire à découvert jusqu'à ce qu'elles deviennent roses. Ajoutez les nouilles et le jus de citron vert. Faites sauter pour réchauffer, salez et poivrez. Au moment de servir, parsemez de ciboules.

**Par portion** 475 kcal ; 19,3 g de lipides (dont 8,3 g de graisses saturées) ; 36,4 g de glucides ; 35,4 g de protéines ; 3,9 g de fibres

## CURRY D'AGNEAU AU POIVRON

prêt en 20 min

2 c. à s. d'huile d'arachide
250 g de filet d'agneau coupé en fines tranches
1 petit oignon jaune (100 g) coupé en morceaux
1 petit poivron rouge (150 g) coupé en dés
1 petit poivron jaune (150 g) coupé en dés
250 g de sambal oelek
½ c. à c. de curry en poudre
10 petites feuilles de curry fraîches
2 c. à s. d'eau
sel, poivre

Faites chauffer la moitié de l'huile dans un wok et faites dorer l'agneau en plusieurs fois en le retirant du wok au fur et à mesure.
Faites chauffer le reste d'huile dans le wok et faites sauter l'oignon et les poivrons jusqu'à ce qu'ils soient tendres.
Remettez l'agneau dans le wok avec le sambal oelek, le curry en poudre, les feuilles de curry fraîches et l'eau. Faites sauter pour réchauffer, salez et poivrez.

**Par portion** 292 kcal ; 12 g de lipides (dont 3,5 g de graisses saturées) ; 8,3 g de glucides ; 29,2 g de protéines ; 2,3 g de fibres

**Servez avec du riz nature.**

## SALADE DE CALAMARS ÉPICÉE

prêt en 20 min

250 g de blancs de calamar
2 c. à s. d'huile
250 g de chou chinois coupé en lanières
1 c. à s. de sauce à l'ail et au piment
2 c. à s. de jus de citron vert
10 c. à s. de feuilles de menthe (15 g) ciselées
10 c. à s. de feuilles de coriandre (15 g) ciselées
sel, poivre

Ouvrez les blancs de calamar en les incisant sur l'un des côtés. Quadrillez l'intérieur avec un couteau et découpez-les en lanières de 4 cm.
Faites chauffer la moitié de l'huile dans un wok et faites sauter le chou chinois puis retirez-le du wok.
Faites chauffer le reste d'huile dans le wok et faites sauter les calamars avec la sauce à l'ail et au piment.
Retirez du feu et ajoutez le jus de citron vert. Salez et poivrez. Incorporez les calamars, le chou chinois, la menthe et la coriandre.

**Par portion** 178 kcal ; 6,6 g de lipides (dont 1,4 g de graisses saturées) ; 4,2 g de glucides ; 23,1 g de protéines ; 3,2 g de fibres

# WOK POUR TOUTE LA FAMILLE

prêt en **25 MIN** pour **4**

## POULET PAD THAÏ

500 g de nouilles de riz larges et fraîches
1 c. à s. d'huile d'arachide
2 œufs légèrement battus
500 g de blancs de poulet coupés en fines tranches
1 oignon jaune moyen (150 g) coupé en fines tranches
3 gousses d'ail écrasées
2 c. à s. de jus de citron vert
2 c. à s. de nuoc-mâm
1 c. à s. de sucre roux
80 g de germes de soja
3 ciboules coupées en fines tranches
8 c. à s. de coriandre fraîche (10 g), hachée
35 g de cacahuètes grillées et non salées, grossièrement hachées
sel, poivre

**Par portion** 428 kcal ; 14,3 g de lipides (dont 2,9 g de graisses saturées) ; 34,1 g de glucides ; 38,6 g de protéines ; 3 g de fibres

**1.** Mettez les nouilles à gonfler dans un saladier d'eau bouillante puis les séparer avec une fourchette et les égoutter.
**2.** Faites chauffer 1 cuillerée à café d'huile dans un wok, versez les œufs et inclinez le wok pour former une omelette fine. Retirez l'omelette du wok, roulez-la en rouleau serré et coupez-la en fines tranches.
**3.** Faites chauffer 2 cuillerées à café d'huile dans le wok et faites dorer le poulet en plusieurs fois en le retirant du wok au fur et à mesure.
**4.** Faites chauffer le reste d'huile dans le wok et faites sauter l'oignon et l'ail. Remettez le poulet dans le wok avec les nouilles, le jus de citron vert, le nuoc-mâm et le sucre. Faites sauter jusqu'à ce que le tout soit chaud. Retirez du feu et incorporez les germes de soja, les ciboules et la moitié de la coriandre. Salez et poivrez.
**5.** Au moment de servir, disposez sur les nouilles l'omelette, parsemez de cacahuètes et du reste de coriandre.

prêt en 20 MIN pour 4

## RIZ SAUTÉ AUX TOMATES, À L'ANANAS ET AUX POIS

1 c. à s. d'huile d'arachide
200 g de pois gourmands équeutés et coupés en lanières
4 ciboules coupées en fines tranches
600 g de riz long cuit
60 ml de sauce soja japonaise
1 c. à s. de nuoc-mâm
1 c. à s. de jus de citron vert
500 g d'ananas frais coupé en morceaux de 1 cm
2 tomates moyennes (300 g), épépinées et coupées en morceaux de 1 cm
8 c. à s. de coriandre fraîche (10 g)
sel, poivre

**1.** Faites chauffer l'huile dans un wok et faites sauter les pois gourmands, les ciboules et l'ail jusqu'à ce que les pois gourmands soient tendres. Ajoutez le riz, les sauces et le jus de citron vert. Faites sauter pour réchauffer. Retirez du feu et incorporez l'ananas et les tomates. Salez et poivrez.
**2.** Au moment de servir, parsemez le riz sauté de coriandre.

**Par portion** 324 kcal ; 5,4 g de lipides (dont 0,8 g de graisses saturées) ; 57,1 g de glucides ; 8,4 g de protéines ; 4,7 g de fibres

**Pour réaliser cette recette, il faut préparer le riz la veille au soir. Faites cuire 400 g de riz long, étalez-le sur un plateau et placez-le au réfrigérateur toute la nuit.**

prêt en **30 MIN** pour **4**

# NOUILLES UDON À L'AGNEAU

**660 g de nouilles udon fraîches**
**600 g de filet d'agneau coupé en morceaux de 1 cm**
**2 c. à s. de sauce soja japonaise**
**1 ½ c. à s. d'huile d'arachide**
**1 petit poivron rouge (150 g) coupé en fines tranches**
**1 branche de céleri (150 g) coupée en fines tranches**
**½ chou chinois (350 g) coupé en fines lanières**
**3 ciboules coupées en fines tranches**
**1 gousse d'ail écrasée**
**4 cm de gingembre frais (20 g), râpé**
**60 ml de vinaigre chinois**
**1 grosse tomate (220 g) coupée en fines tranches**
**sel, poivre**

**Par portion** 498 kcal ; 15,9 g de lipides (dont 4,4 g de graisses saturées) ; 44,1 g de glucides ; 40,9 g de protéines ; 5,2 g de fibres

**1.** Mettez les nouilles dans un saladier d'eau bouillante puis séparez-les avec une fourchette et égouttez-les. Coupez les nouilles en morceaux de 2 cm à l'aide de ciseaux.
**2.** Mélangez l'agneau et la moitié de la sauce soja dans un saladier. Faites chauffer 1 cuillerée à soupe d'huile dans un wok. Faites dorer l'agneau en plusieurs fois en le retirant du wok au fur et à mesure.
**3.** Faites chauffer le reste d'huile dans le wok et faites sauter le poivron et le céleri jusqu'à ce qu'ils soient tendres. Ajoutez le chou chinois, les ciboules, l'ail et le gingembre, et faites sauter jusqu'à ce que le chou soit tendre. Remettez l'agneau dans le wok avec les nouilles, le vinaigre et le reste de sauce. Faites sauter pour réchauffer. Retirez du feu et ajoutez la tomate. Salez et poivrez.

prêt en **20 MIN** pour **4**

## PORC À LA SAUCE SOJA

**500 g de nouilles de riz larges, fraîches**
**1 ½ c. à s. d'huile d'arachide**
**500 g de filet de porc coupé en fines tranches**
**300 g de gai lan coupé en morceaux**
**3 gousses d'ail écrasées**
**2 c. à s. de sauce soja claire**
**2 c. à s. de sauce soja foncée**
**2 c. à s. de sucre roux**
**1 œuf**
**sel, poivre**

**1.** Mettez les nouilles dans un saladier d'eau bouillante puis séparez-les avec une fourchette et égouttez-les.
**2.** Faites chauffer 1 cuillerée à soupe d'huile dans un wok. Faites dorer le porc en plusieurs fois en le retirant du wok au fur et à mesure.
**3.** Séparez les feuilles et les tiges du gai lan. Faites chauffer le reste d'huile dans le wok et faites sauter les tiges de gai lan jusqu'à ce qu'elles soient tendres. Ajoutez les feuilles de gai lan et l'ail puis faites sauter jusqu'à ce que les feuilles soient tendres. Remettez le porc dans le wok avec les nouilles, les sauces et le sucre. Faites sauter jusqu'à ce que le plat soit chaud.
**4.** Formez un creux au milieu des nouilles et ajoutez l'œuf. Faites sauter pour mélanger l'œuf et les nouilles. Salez et poivrez.

**Par portion** 388 kcal ; 12 g de lipides (dont 2,7 g de graisses saturées) ; 34,6 g de glucides ; 34 g de protéines ; 2,2 g de fibres

**Traditionnellement, cette recette est appelée porc see ew.**

prêt en **25 MIN** pour **4**

# NOUILLES UDON AU BŒUF ET À LA TOMATE

800 g de nouilles udon fraîches
2 c. à s. d'huile d'arachide
600 g de bœuf haché
2 c. à s. de vin de riz chinois
4 cm de gingembre frais (20 g), râpé
2 gousses d'ail écrasées
4 ciboules coupées en fines tranches
80 ml de sauce hoisin
1 c. à s. de sauce soja japonaise
1 c. à s. de coulis de tomate
325 ml de bouillon de volaille
2 grosses tomates (440 g) épépinées et coupées en fines tranches
8 c. à s. de feuilles de coriandre fraîches
sel, poivre

**Par portion** 618 kcal ; 21,7 g de lipides (dont 6,3 g de graisses saturées) ; 59,9 g de glucides ; 40,8 g de protéines ; 6,9 g de fibres

**1.** Mettez les nouilles dans un saladier d'eau bouillante puis séparez-les avec une fourchette et égouttez-les.
**2.** Faites chauffer la moitié de l'huile dans le wok et faites sauter le bœuf haché jusqu'à ce qu'il soit doré. Ajoutez le vin de riz et faites sauter jusqu'à ce que le liquide soit évaporé. Retirez la viande du wok.
**3.** Faites chauffer le reste d'huile et faites sauter le gingembre, l'ail et les ciboules jusqu'à ce que les parfums se dégagent. Remettez le bœuf haché dans le wok avec les sauces, le coulis de tomate et le bouillon. Portez à ébullition et faites mijoter en remuant de temps en temps jusqu'à ce que la sauce épaississe légèrement.
**4.** Ajoutez les nouilles et les tomates et faites sauter jusqu'à ce que le plat soit chaud. Salez et poivrez. Au moment de servir, parsemez les nouilles de coriandre.

Servez avec du riz thaï nature.
Vous pouvez remplacer les asperges par du brocoli.

prêt en **25 MIN** pour **4**

## BŒUF AUX ASPERGES ET SAUCE D'HUÎTRES

2 c. à s. d'huile d'arachide
500 g de rumsteck coupé en fines tranches
1 oignon jaune moyen (150 g) coupé en quartiers
340 g d'asperges vertes, pelées et coupées en morceaux de 3 cm
2 gousses d'ail finement hachées
2 c. à s. de sauce d'huîtres
1 c. à s. de sauce soja japonaise
sel, poivre
piment rouge frais (facultatif)

**Par portion** 279 kcal ; 15,1 g de lipides (dont 3,8 g de graisses saturées) ; 6,1 g de glucides ; 28,6 g de protéines ; 2 g de fibres

1. Faites chauffer la moitié de l'huile dans le wok et faites dorer le bœuf en plusieurs fois en le retirant du wok au fur et à mesure.
2. Faites chauffer le reste d'huile et faites sauter l'oignon jusqu'à ce qu'il soit tendre. Ajoutez les asperges et faites-les sauter jusqu'à ce qu'elles soient tendres. Remettez le bœuf dans le wok avec l'ail. Ajoutez les sauces et remuez pour réchauffer. Salez et poivrez. Pour plus de piquant, ajoutez quelques tranches de piment rouge frais.

Nous avons utilisé un mélange de champignons enoki, de champignons de Paris et de shiitaké frais. Mais vous pouvez utiliser les champignons de votre choix !

prêt en **25 MIN** pour **4**

## BŒUF ET OMELETTE AUX CHAMPIGNONS

2 c. à s. d'huile d'arachide
400 g de rumsteck coupé en fines tranches
250 g de champignons variés coupés en fines tranches
4 ciboules coupées en fines tranches
2 gousses d'ail écrasées
2 c. à s. de sauce d'huîtres
8 œufs
2 c. à s. d'eau
2 c. à c. de sauce soja japonaise
50 g de pousses d'épinard
sel, poivre

**Par portion** 408 kcal ; 26 g de lipides (dont 7 g de graisses saturées) ; 4,3 g de glucides ; 38,5 g de protéines ; 2,2 g de fibres

**1.** Faites chauffer 2 cuillerées à café d'huile dans un wok et faites dorer le bœuf en plusieurs fois en le retirant du wok au fur et à mesure.
**2.** Faites chauffer 2 cuillerées à café d'huile dans le wok et faites sauter les champignons jusqu'à ce qu'ils soient légèrement dorés. Ajoutez les ciboules et l'ail. Remettez le bœuf dans le wok avec la sauce d'huîtres et faites sauter pour réchauffer. Salez et poivrez. Retirez du wok et couvrez pour garder au chaud.
**3.** Battez les œufs avec l'eau et la sauce soja dans un saladier. Faites chauffer 1 cuillerée à café d'huile dans le wok nettoyé. Versez un quart des œufs dans le wok et faites cuire une omelette de 20 cm de diamètre en inclinant le wok. Retirez l'omelette du wok et posez-la sur une assiette. Disposez un quart du bœuf et un quart des épinards sur l'omelette. Repliez l'omelette autour de la garniture. Couvrez pour garder au chaud.
**4.** Recommencez avec le reste des ingrédients pour réaliser 4 omelettes en tout.

prêt en 25 MIN pour 4

# POISSON SAUTÉ AUX LÉGUMES VARIÉS

2 gousses d'ail finement hachées
2 ½ c. à s. d'huile d'arachide
500 g de filets de poisson blanc à chair ferme, coupés en morceaux de 3 cm
350 g de broccolini coupé en morceaux de 3 cm ou de brocoli en fleurettes
1 grosse carotte (180 g) coupée en bâtonnets
150 g de mini épis de maïs coupés en deux dans le sens de la longueur
60 ml de sauce d'huîtres
1 c. à s. de sauce soja japonaise
1 c. à s. d'eau
sel, poivre

**Par portion** 332 kcal ; 15,1 g de lipides (dont 3 g de graisses saturées) ; 12,9 g de glucides ; 32,4 g de protéines ; 6,7 g de fibres

**1.** Mélangez l'ail, 2 cuillerées à soupe d'huile d'arachide et le poisson dans un saladier. Faites chauffer la moitié de l'huile restante dans le wok et faites dorer le poisson en plusieurs fois en le retirant du wok au fur et à mesure.
**2.** Faites chauffer le reste d'huile dans le wok et faites sauter le broccolini, la carotte et le maïs jusqu'à ce que les légumes soient tendres. Remettez le poisson dans le wok avec les sauces et l'eau. Remuez pour réchauffer. Salez et poivrez.

**Vous pouvez choisir le poisson blanc à chair ferme que vous préférez pour réaliser la recette. Servez le plat avec du riz thaï nature.**

prêt en **25 MIN** pour **4**

# POISSON CARAMÉLISÉ ET MINI PAK CHOÏ

150 g de sucre en poudre
80 ml de nuoc-mâm
4 échalotes (100 g) coupées en fines tranches
1 kg de mini pak choï sans les feuilles
2 c. à s. d'huile d'arachide
500 g de filets de poisson blanc à chair ferme coupés en morceaux de 3 cm

**1.** Faites fondre le sucre dans une casserole à feu moyen pour réaliser un caramel doré. Retirez la casserole du feu et ajoutez le nuoc-mâm. Remettez la casserole sur le feu et faites mijoter la sauce en remuant jusqu'à ce qu'elle devienne sirupeuse. Incorporez ensuite les échalotes.
**2.** Pendant ce temps, faites cuire le pak choï à l'eau, à la vapeur ou au micro-ondes puis égouttez-le. Couvrez-le pour le garder au chaud.
**3.** Faites chauffer l'huile dans un wok. Faites dorer le poisson en plusieurs fois en le retirant du wok au fur et à mesure. Remettez le poisson dans le wok, ajoutez la sauce caramel et portez à ébullition. Faites mijoter à découvert jusqu'à ce que le poisson soit cuit.
**4.** Répartissez le pak choï dans les assiettes et ajoutez le poisson et la sauce sur le dessus.

**Par portion** 401 kcal ; 12,5 g de lipides (dont 2,5 g de graisses saturées) ; 41,8 g de glucides ; 30,2 g de protéines ; 3,8 g de fibres

**Vous pouvez choisir le poisson blanc à chair ferme que vous préférez pour réaliser cette recette. La sauce caramel peut être préparée à l'avance. Couvrez-la et placez-la au réfrigérateur jusqu'au moment de cuisiner. Servez le plat avec du riz thaï nature.**

Vous pouvez faire mariner le bœuf 30 minutes ou toute la nuit au réfrigérateur

prêt en **25 MIN** pour **4**

## SALADE VIETNAMIENNE AU BŒUF

500 g de rumsteck coupé en fines tranches
4 gousses d'ail écrasées
2 c. à c. de vin de riz chinois
2 c. à c. de nuoc-mâm
1 c. à c. de sucre en poudre
1 laitue moyenne, lavée et essorée
250 g de tomates cerises coupées en deux
½ concombre (200 g) coupé en dés
1 petit oignon rouge (100 g) coupé en fines tranches
10 g de feuilles de menthe fraîche
1 ½ c. à s. de vinaigre de riz
1 c. à s. d'huile d'olive
1 c. à s. d'huile d'arachide
35 g de cacahuètes grillées et non salées, hachées
sel, poivre

**1.** Mélangez le bœuf, l'ail, le vin de riz, le nuoc-mâm et le sucre dans un saladier. Couvrez et placez au réfrigérateur.
**2.** Pendant ce temps, mélangez la laitue, les tomates cerises, le concombre, l'oignon, la menthe, le vinaigre et l'huile d'olive dans un saladier. Salez et poivrez.
**3.** Faites chauffer l'huile d'arachide dans un wok et faites dorer le bœuf en plusieurs fois en le retirant du wok au fur et à mesure.
**4.** Répartissez la salade dans 4 assiettes, ajoutez le bœuf et parsemez de cacahuètes.

**Par portion** 328 kcal ; 19,4 g de lipides (dont 4,1 g de graisses saturées) ; 6,2 g de glucides ; 29,7 g de protéines ; 4,6 g de fibres

prêt en **20 MIN** pour **4**

# POULET AU GINGEMBRE ET AU MIEL

500 g de hauts de cuisse de poulet désossés et coupés en morceaux
4 cm de gingembre frais (20 g), râpé
1 c. à c. de cinq-épices
2 c. à s. d'huile d'arachide
170 g d'asperges vertes, pelées et coupées en morceaux de 3 cm
2 c. à s. de sauce soja foncée
2 c. à s. de miel
1 c. à s. d'eau
250 g de pois gourmands, équeutés et coupés en deux
sel, poivre

1. Mélangez le poulet, le gingembre, le cinq-épices et 1 cuillerée à soupe d'huile dans un saladier.
2. Faites chauffer 1 cuillère à café d'huile dans un wok et faites dorer le poulet en plusieurs fois en le retirant du wok au fur et à mesure.
3. Faites chauffer le reste d'huile dans le wok et faites sauter les asperges jusqu'à ce qu'elles soient tendres. Remettez le poulet dans le wok avec la sauce soja, le miel, l'eau et les pois gourmands. Faites sauter jusqu'à ce que le plat soit chaud. Salez et poivrez.

**Par portion** 309 kcal ; 15,5 g de lipides (dont 3,5 g de graisses saturées) ; 15,6 g de glucides ; 26,4 g de protéines ; 2,1 g de fibres

**Vous pouvez faire mariner le poulet 30 minutes ou toute la nuit au réfrigérateur. Servez le plat avec du riz thaï nature.**

prêt en **25 MIN** pour **4**

# POULET ET RIZ SAUTÉ À LA CHINOISE

2 c. à s. d'huile d'arachide
2 œufs légèrement battus
500 g de hauts de cuisse de poulet, coupés en fines tranches
2 carottes moyennes (240 g), coupées en dés
120 g de petits pois surgelés
3 gousses d'ail écrasées
6 ciboules coupées en fines tranches
600 g de riz long cuit
1 c. à s. de sauce soja claire

**1.** Faites chauffer 1 cuillerée à café d'huile dans un wok. Versez les œufs et faites cuire l'omelette en inclinant le wok. Retirez l'omelette du wok et formez un rouleau que vous découpez en fines tranches.

**2.** Faites chauffer 2 cuillerées à café d'huile dans le wok et faites dorer le poulet en plusieurs fois en le retirant du wok au fur et à mesure.

**3.** Faites chauffer le reste d'huile dans le wok et faites sauter les carottes jusqu'à ce qu'elles soient tendres. Ajoutez les petits pois, l'ail et la moitié des ciboules. Faites sauter jusqu'à ce que les ciboules soient tendres. Remettez le poulet dans le wok et ajoutez le riz et la sauce soja. Remuez pour réchauffer. Salez et poivrez.

**4.** Au moment de servir, ajoutez l'omelette et le reste de ciboule sur le riz sauté.

**Par portion** 526 kcal ; 19,1 g de lipides (dont 4,5 g de graisses saturées) ; 52,4 g de glucides ; 33,4 g de protéines ; 5,1 g de fibres

**Pour réaliser cette recette, il faut préparer le riz la veille au soir. Faites cuire 400 g de riz long, étalez-le sur un plateau et placez-le au réfrigérateur toute la nuit.**

prêt en 35 MIN pour 4

# TOFU SAUTÉ AU PORC HACHÉ ET CHOU CHINOIS

**600 g de tofu ferme**
**75 g de fécule de maïs**
**1 c. à s. d'eau**
**125 ml de bouillon de volaille**
**1 c. à s. de vin de riz chinois**
**1 c. à s. de coulis de tomate**
**1 c. à c. de sucre en poudre**
**1 c. à s. de sauce soja japonaise**
**1 gousse d'ail écrasée**
**4 cm de gingembre frais (20 g), râpé**
**3 c. à c. d'huile d'arachide**
**1 petit chou chinois (700 g) coupé en lanières**
**115 g de champignons shiitakés frais coupés en fines tranches**
**huile de friture**
**400 g de porc haché**
**3 ciboules coupées en fines tranches**
**4 c. à s. de feuilles de coriandre fraîche**
**sel, poivre**

**Par portion** 486 kcal ; 25,4 g de lipides (dont 5,4 g de graisses saturées) ; 23,9 g de glucides ; 37,2 g de protéines ; 5,4 g de fibres

**1.** Coupez le tofu en 24 dés. Étalez-les sur un plateau recouvert de papier absorbant. Couvrez-le avec du papier absorbant et réservez.
**2.** Mélangez 2 cuillerées à café de fécule de maïs et l'eau dans un saladier. Incorporez le bouillon, le vin de riz, le coulis de tomate, le sucre, la sauce soja, l'ail et le gingembre.
**3.** Faites chauffer 1 cuillerée à café d'huile d'arachide dans un wok et faites sauter le chou chinois jusqu'à ce qu'il soit tendre. Mettez-le dans un saladier et couvrez-le pour le garder au chaud.
**4.** Faites chauffer 1 cuillerée à café d'huile d'arachide dans le wok et faites sauter les shiitakés jusqu'à ce qu'ils soient tendres. Retirez-les du wok.
**5.** Faites chauffer l'huile de friture dans un faitout.
**6.** Faites chauffer 1 cuillerée à café d'huile d'arachide dans le wok et faites sauter le porc haché jusqu'à ce qu'il soit doré. Remettez les champignons dans le wok avec la fécule délayée. Portez à ébullition et faites réduire légèrement la sauce. Salez et poivrez. Versez le tout dans le saladier contenant le chou chinois et couvrez pour garder au chaud.
**7.** Enrobez le tofu dans le reste de fécule de maïs et secouez pour en retirer l'excès. Faites frire le tofu en plusieurs fois jusqu'à ce qu'il soit doré. Égouttez-le sur du papier absorbant et ajoutez-le dans le saladier.
**8.** Ajoutez le reste des ingrédients dans le saladier et mélangez délicatement.

prêt en 20 MIN pour 4

# NOUILLES SAUTÉES AU POULET ET AU PAK CHOÏ

**500 g de hauts de cuisse de poulet, désossés et coupés en fines tranches**
**2 c. à s. de tamari**
**2 c. à s. de mirin**
**4 cm de gingembre frais (20 g), râpé**
**2 gousses d'ail écrasées**
**440 g de nouilles aux œufs fines**
**2 c. à s. d'huile d'arachide**
**8 ciboules coupées en tronçons de 4 cm**
**500 g de mini pak choï coupé en morceaux**
**sel, poivre**

**Par portion** 407 kcal ; 16,3 g de lipides (dont 3,6 g de graisses saturées) ; 30,4 g de glucides ; 30,9 g de protéines ; 4 g de fibres

**1.** Mélangez le poulet, le tamari, le mirin, le gingembre et l'ail dans un saladier.
**2.** Mettez les nouilles à gonfler dans un saladier d'eau bouillante puis séparez-les avec une fourchette et égouttez-les.
**3.** Égouttez le poulet et réservez la marinade. Faites chauffer la moitié de l'huile d'arachide dans un wok et faites dorer le poulet en plusieurs fois en le retirant du wok au fur et à mesure.
**4.** Faites chauffer le reste d'huile dans le wok nettoyé et faites sauter les ciboules jusqu'à ce qu'elles soient tendres. Remettez le poulet dans le wok avec la marinade réservée. Portez à ébullition. Ajoutez les nouilles et les pak choï puis faites sauter jusqu'à ce que le pak choï soit tendre. Salez et poivrez.

**Vous pouvez faire mariner le poulet 30 minutes ou toute la nuit au réfrigérateur.**

prêt en **25 MIN** pour **4**

## NOUILLES AU POULET, CHAMPIGNONS ET ÉPINARDS

500 g de hauts de cuisse de poulet, désossés et coupés en fines tranches
60 ml de sauce soja japonaise
4 cm de gingembre frais (20 g), râpé
2 gousses d'ail écrasées
300 g de nouilles de riz larges
2 c. à s. d'huile d'arachide
200 g de haricots verts équeutés et coupés en petits morceaux
150 g de champignons de Paris coupés en fines tranches
60 ml d'eau
2 c. à c. de pâte de crevettes
300 g d'épinards coupés en morceaux
sel, poivre

**Par portion** 347 kcal ; 16,1 g de lipides (dont 3,5 g de graisses saturées) ; 19,5 g de glucides ; 28,8 g de protéines ; 4 g de fibres

**1.** Mélangez le poulet, la sauce soja, le gingembre, et l'ail dans un saladier.
**2.** Mettez les nouilles à gonfler dans un saladier d'eau bouillante puis séparez-les avec une fourchette et égouttez-les.
**3.** Faites chauffer la moitié de l'huile d'arachide dans un wok et faites dorer le poulet en plusieurs fois en le retirant du wok au fur et à mesure.
**4.** Faites chauffer le reste d'huile dans le wok et faites sauter les haricots verts et les champignons. Remettez le poulet dans le wok avec les nouilles, l'eau et la pâte de crevettes. Faites sauter pour réchauffer. Ajoutez les épinards et faites sauter jusqu'à ce qu'ils soient fondus. Salez et poivrez.

**Vous pouvez faire mariner le poulet 30 minutes ou toute la nuit au réfrigérateur.**

Le vinaigre chinois est un vinaigre de riz brun foncé, possédant un goût fort et servant pour faire mariner la viande ou pour assaisonner les soupes et les sauces. On le trouve dans les épiceries asiatiques.

prêt en **30 MIN** pour **4**

## POULET PANÉ AU CHOU ROUGE

**2 œufs**
**50 g de fécule de maïs**
**huile de friture**
**500 g de blancs de poulet coupés en fines tranches**
**1 c. à s. d'huile d'arachide**
**3 ciboules coupées en fines tranches**
**2 gousses d'ail écrasées**
**300 g de chou rouge coupé en fines lanières**
**1 grosse carotte (180 g) coupée en bâtonnets**
**55 g de sucre en poudre**
**60 ml de vinaigre chinois**
**2 c. à s. de sauce soja claire**
**sel, poivre**

**Par portion** 436 kcal ; 19,3 g de lipides (dont 3,6 g de graisses saturées) ; 29,2 g de glucides ; 34,3 g de protéines ; 4,4 g de fibres

**1.** Battez les œufs et la fécule de maïs dans un saladier. Salez et poivrez.
**2.** Faites chauffer l'huile de friture dans un faitout. Trempez les morceaux de poulet dans l'œuf, égouttez-les pour retirer l'excédent puis plongez-les dans l'huile. Faites frire jusqu'à ce que le poulet soit doré puis égouttez-le sur du papier absorbant. Procédez en plusieurs fois.
**3.** Faites chauffer l'huile d'arachide dans un wok et faites sauter les ciboules et l'ail. Mettez le poulet dans le wok avec le chou rouge, la carotte et le reste des ingrédients. Faites sauter jusqu'à ce que le plat soit chaud. Salez et poivrez.

prêt en 35 MIN pour 4

## PORC PANÉ À L'AIGRE-DOUCE

2 œufs
50 g de farine
1 c. à s. d'huile d'arachide
60 ml d'eau
huile de friture
500 g de filet de porc coupé en morceaux
500 g d'ananas frais coupé en morceaux
2 petits poivrons rouges (300 g) coupés en fines tranches
185 ml de bouillon de volaille
60 ml de vinaigre d'alcool blanc
2 c. à s. de miel
1 c. à s. de sauce soja japonaise
1 c. à s. de fécule de maïs
2 c. à s. de coriandre fraîche
sel, poivre

**Par portion** 552 kcal ; 31,4 g de lipides (dont 5,4 g de graisses saturées) ; 31,3 g de glucides ; 35 g de protéines ; 2,6 g de fibres

**1.** Fouettez les œufs, la farine, 1 cuillerée à café d'huile d'arachide et la moitié de l'eau dans un saladier.
**2.** Faites chauffer l'huile de friture dans un faitout. Trempez le porc dans le mélange à base d'œufs, égouttez pour retirer l'excédent et faites frire le porc en plusieurs fois jusqu'à ce qu'il soit légèrement doré. Égouttez-le sur du papier absorbant. Faites chauffer l'huile et faites frire le porc de nouveau en plusieurs fois jusqu'à ce qu'il soit croustillant. Égouttez-le sur du papier absorbant.
**3.** Faites chauffer le reste d'huile d'arachide dans un wok et faites sauter l'ananas et les poivrons jusqu'à ce qu'ils soient tendres. Ajoutez le bouillon de volaille, le vinaigre, le miel et la sauce soja. Portez à ébullition.
**4.** Délayez la fécule de maïs avec le reste d'eau dans un bol et ajoutez-la dans le wok. Mélangez sur le feu pour faire épaissir légèrement la sauce. Remettez le porc dans le wok et faites sauter pour le réchauffer. Salez et poivrez. Parsemez de coriandre.

**Servez le plat avec du riz thaï nature.**

prêt en **20 MIN** pour **4**

# POISSON AU CITRONNIER KAFFIR ET AUX POIS GOURMANDS

2 c. à s. d'huile d'arachide
500 g de filets de poisson blanc à chair ferme coupés en morceaux de 3 cm
1 oignon jaune moyen (150 g) coupé en fines tranches
1 gousse d'ail écrasée
1 tige de 10 cm de citronnelle fraîche (20 g) finement hachée
1 ½ c. à s. de sucre roux
125 ml d'eau
300 g de pois gourmands équeutés
170 g d'asperges vertes, pelées et coupées en tronçons de 3 cm
2 feuilles de citronnier kaffir coupées en fines lanières
2 c. à s. de jus de citron
sel, poivre

**Par portion** 277 kcal ; 12,1 g de lipides (dont 2,5 g de graisses saturées) ; 11,2 g de glucides ; 29,5 g de protéines ; 3 g de fibres

**1.** Faites chauffer la moitié de l'huile d'arachide dans un wok et faites dorer le poisson en plusieurs fois en le retirant du wok au fur et à mesure.
**2.** Faites chauffer le reste d'huile dans le wok et faites sauter l'oignon, l'ail et la citronnelle jusqu'à ce que l'oignon soit tendre. Ajoutez le sucre et la moitié de l'eau. Portez à ébullition et faites mijoter à découvert jusqu'à ce que la sauce épaississe légèrement.
**3.** Ajoutez les pois gourmands, les asperges et le reste d'eau. Faites sauter les légumes jusqu'à ce qu'ils soient tendres. Remettez le poisson dans le wok et faites sauter pour réchauffer. Salez et poivrez.
**4.** Au moment de servir, parsemez de feuilles de citronnier kaffir et arrosez de jus de citron.

**Vous pouvez choisir le poisson blanc à chair ferme que vous préférez pour réaliser cette recette. Servez avec du riz thaï nature.**

Pour gagner du temps, achetez 500 g de crevettes décortiquées pour préparer la recette.
Servez avec du riz thaï nature.

prêt en **35 MIN** pour **4**

## CREVETTES AU BASILIC THAÏ CROUSTILLANT

1 kg de crevettes moyennes crues
huile de friture
4 c. à s. de feuilles de basilic thaï
250 g de tomates cerises coupées en deux
1 long piment rouge frais finement haché
60 ml de sauce pimentée douce
2 c. à s. d'eau
1 c. à s. de sucre roux
350 g de broccolini coupé en morceaux de 3 cm ou de brocoli en fleurettes
1 oignon rouge moyen (170 g) coupé en fines tranches
sel, poivre

**Par portion** 236 kcal ; 6,3 g de lipides (dont 0,8 g de graisses saturées) ; 10,5 g de glucides ; 31 g de protéines ; 6,1 g de fibres

**1.** Retirez la carapace et la veine noire dorsale des crevettes en conservant la queue.
**2.** Faites chauffer l'huile de friture dans un wok. Faites frire les feuilles de basilic thaï en plusieurs fois jusqu'à ce qu'elles soient croustillantes. Égouttez-les sur du papier absorbant. Retirez l'huile du wok (faites-la refroidir et gardez-la pour un autre usage).
**3.** Faites chauffer le wok et ajoutez les tomates cerises, le piment, la sauce pimentée douce, l'eau et le sucre. Faites sauter 8 minutes environ pour faire épaissir la sauce légèrement. Ajoutez les crevettes, le broccolini et l'oignon. Faites sauter jusqu'à ce que les crevettes deviennent roses. Salez et poivrez. Au moment de servir, parsemez de feuilles de basilic thaï croustillantes.

prêt en **30 MIN** pour **4**

# PORC HACHÉ À LA THAÏE

**450 g de nouilles de riz larges, fraîches**
**1 c. à s. d'huile d'arachide**
**1 oignon rouge moyen (170 g) coupé en fines tranches**
**1 tige de citronnelle de 10 cm (20 g) coupée en fines tranches**
**5 cm de gingembre frais (25 g), râpé**
**2 gousses d'ail écrasées**
**600 g de porc haché**
**2 c. à s. de pâte de curry massaman**
**2 c. à s. de jus de citron vert**
**1 c. à s. de nuoc-mâm**
**1 c. à s. de sucre roux**
**227 g de châtaignes d'eau émincées en boîte, rincées, égouttées et coupées en dés**
**8 c. à s. de feuilles de basilic thaï**
**sel, poivre**

**Par portion** 457 kcal ; 19,5 g de lipides (dont 5,1 g de graisses saturées) ; 34 g de glucides ; 34,3 g de protéines ; 3,7 g de fibres

**1.** Mettez les nouilles à gonfler dans un saladier d'eau bouillante puis séparez-les avec une fourchette et égouttez-les.
**2.** Faites chauffer l'huile d'arachide dans le wok et faites sauter l'oignon, la citronnelle, le gingembre et l'ail jusqu'à ce que l'oignon soit tendre. Ajoutez le porc haché et faites-le sauter jusqu'à ce qu'il soit doré. Ajoutez la pâte de curry et faites sauter jusqu'à ce que les parfums se dégagent. Ajoutez le jus de citron vert, le nuoc-mâm et le sucre. Faites sauter 1 minute.
**3.** Ajoutez les nouilles dans le wok avec les châtaignes d'eau et la moitié du basilic thaï. Faites sauter pour réchauffer. Salez et poivrez. Au moment de servir, parsemez avec le reste de basilic.

prêt en **35 MIN** pour **4**

## PORC LAQUÉ

600 g de collier de porc coupé en morceaux de 2 cm
2 c. à s. de sauce hoisin
2 c. à s. de sauce soja foncée
1 c. à s. de miel
1 c. à s. de sucre roux
2 c. à c. de xérès sec
1 c. à c. de cinq-épices
3 gousses d'ail écrasées
2 c. à s. d'huile d'arachide
350 g de gai lan coupé en morceaux
4 ciboules coupées en morceaux de 4 cm
1 citron vert coupé en quatre
sel, poivre

**1.** Mélangez le porc, les sauces, le miel, le sucre, le xérès, le cinq-épices et l'ail dans un saladier moyen.

**2.** Faites chauffer l'huile d'arachide dans un wok. Faites dorer le porc en plusieurs fois en le retirant du wok au fur et à mesure. Remettez le porc dans le wok et faites-le sauter jusqu'à ce qu'il soit cuit. Ajoutez le gai lan et faites-le sauter jusqu'à ce qu'il soit tendre. Retirez du feu et ajoutez les ciboules. Salez et poivrez. Servez avec des quartiers de citron.

**Par portion** 421 kcal ; 25,6 g de lipides (dont 7,7 g de graisses saturées) ; 14,7 g de glucides ; 31,1 g de protéines ; 4,8 g de fibres

**Servez avec du riz thaï nature.**

prêt en **30 MIN** pour **4**

## POULET AUX AMANDES ET AU PIMENT

1 c. à s. d'huile d'arachide
80 g d'amandes mondées
600 g de blancs de poulet coupés en fines tranches
2 gousses d'ail écrasées
2 cm de gingembre frais (10 g), râpé
2 c. à c. de sambal oelek
1 c. à s. de sauce d'huîtres
1 c. à s. de sauce soja à teneur réduite en sel
1 c. à s. de xérès sec
6 ciboules coupées en morceaux de 3 cm
sel, poivre

**Par portion** 339 kcal ; 18,2 g de lipides (dont 2,3 g de graisses saturées) ; 3,1 g de glucides ; 38,2 g de protéines ; 2,3 g de fibres

**1.** Faites chauffer 1 cuillerée à café d'huile d'arachide dans un wok. Faites griller les amandes jusqu'à ce qu'elles soient légèrement dorées. Retirez-les du wok.
**2.** Faites chauffer le reste d'huile dans le wok et faites dorer le poulet en plusieurs fois en le retirant du wok au fur et à mesure.
**3.** Ajoutez l'ail, le gingembre, le sambal oelek dans le wok et faites sauter jusqu'à ce que les parfums se dégagent. Remettez le poulet et les amandes dans le wok avec les sauces et le xérès. Faites sauter pour réchauffer. Ajoutez les ciboules et mélangez. Salez et poivrez.

**Servez avec du riz thaï nature.**

prêt en **35 MIN** pour **4**

# RIZ COMPLET SAUTÉ

1 ½ c. à s. d'huile d'arachide
3 œufs légèrement battus
1 c. à c. d'huile de sésame
115 g de mini épis de maïs coupés en quatre
4 ciboules coupées en fines tranches
2 gousses d'ail écrasées
500 g de riz long complet cuit
4 tranches de jambon (100 g) coupées en fines lanières
2 c. à s. de ciboulette chinoise ciselée
2 c. à s. de sauce soja à teneur réduite en sel
sel, poivre

**1.** Faites chauffer 1 cuillerée à café d'huile d'arachide dans un wok. Versez la moitié des œufs dans le wok et inclinez-le pour former une omelette fine. Retirez l'omelette du wok, roulez-la en rouleau serré puis coupez-la en fines tranches. Recommencez avec 1 cuillerée à café d'huile d'arachide et le reste des œufs.
**2.** Faites chauffer le reste d'huile d'arachide et l'huile de sésame dans le wok et faites sauter le maïs, les ciboules et l'ail jusqu'à ce qu'ils soient tendres. Remettez l'omelette dans le wok avec le riz, le jambon, la ciboulette et la sauce soja. Remuez pour réchauffer. Salez et poivrez.

**Par portion** 392 kcal ; 15,5 g de lipides (dont 3,6 g de graisses saturées) ; 45,2 g de glucides ; 15,8 g de protéines ; 3,5 g de fibres

Pour réaliser cette recette, il faut préparer le riz la veille au soir. Faites cuire 400 g de riz long complet, étalez-le sur un plateau et placez-le au réfrigérateur toute la nuit.

prêt en **35 MIN** pour **4**

## NOUILLES SAUTÉES À LA CHINOISE

**400 g de grosses crevettes cuites**
**250 g de nouilles fines aux œufs**
**1 ½ c. à s. d'huile d'arachide**
**4 œufs légèrement battus**
**1 oignon jaune moyen (150 g) finement haché**
**2 gousses d'ail écrasées**
**1 c. à s. de pâte de curry rouge thaïe**
**200 g de porc haché**
**200 g de porc laqué coupé en fines tranches**
**4 ciboules grossièrement hachées**
**2 c. à s. de sauce soja à teneur réduite en sel**
**1 c. à s. de sauce d'huîtres**
**1 petit piment rouge frais finement haché**
**sel, poivre**

**Par portion** 616 kcal ; 21,5 g de lipides (dont 5,6 g de graisses saturées) ; 48,5 g de glucides ; 54,7 g de protéines ; 3,1 g de fibres

**1.** Retirez la carapace et la veine noire dorsale des crevettes. Coupez-les en morceaux.
**2.** Faites cuire les nouilles dans de l'eau bouillante puis égouttez-les.
**3.** Faites chauffer 1 cuillerée à café d'huile dans un wok. Versez la moitié des œufs dans le wok et inclinez-le pour former une omelette fine. Retirez l'omelette du wok, roulez-la en un rouleau serré et coupez-la en fines tranches. Recommencez avec 1 cuillerée à café d'huile d'arachide et le reste des œufs.
**4.** Faites chauffer le reste d'huile dans le wok. Faites revenir l'oignon et l'ail jusqu'à ce que l'oignon commence à fondre. Ajoutez la pâte de curry et faites revenir. Ajoutez le porc haché et faites-le dorer. Ajoutez les nouilles, le porc laqué, les crevettes, la moitié des ciboules, les sauces, le piment et la moitié de l'omelette. Faites sauter pour réchauffer. Salez et poivrez. Au moment de servir, ajoutez le reste de l'omelette et des ciboules sur les nouilles.

Si vous êtes pressé, achetez 200 g de crevettes cuites et décortiquées pour réaliser la recette.

prêt en **30 MIN** pour **4**

# SAUTÉ DE BŒUF AU SÉSAME

450 g de nouilles hokkien fines
1 c. à s. d'huile d'arachide
600 g de steak de bœuf coupé en lanières
115 g de mini épis de maïs coupés en deux dans le sens de la longueur
4 ciboules coupées en morceaux de 4 cm
70 g de cacahuètes non salées, grillées
2 c. à s. de miel
2 c. à s. de sauce soja à teneur réduite en sel
1 c. à s. de sauce d'huîtres
2 c. à s. d'eau
2 c. à c. d'huile de sésame
1 c. à s. de graines de sésame grillées
sel, poivre

**1.** Mettez les nouilles à gonfler dans un saladier d'eau bouillante puis séparez-les avec une fourchette et égouttez-les.
**2.** Faites chauffer la moitié del'huile d'arachide dans un wok et faites dorer le bœuf en plusieurs fois en le retirant du wok au fur et à mesure.
**3.** Faites chauffer le reste d'huile d'arachide dans le wok et faites sauter le maïs et les ciboules. Remettez le bœuf dans le wok avec les nouilles, les cacahuètes ainsi que le miel, les sauces, l'eau et l'huile de sésame mélangés. Faites sauter pour réchauffer. Salez et poivrez.
**4.** Pour servir, parsemez de graines de sésame.

**Par portion** 621 kcal ; 22 g de lipides (dont 4,1 g de graisses saturées) ; 49,5 g de glucides ; 53,7 g de protéines ; 4,8 g de fibres

prêt en 25 MIN pour 4

## CANARD LAQUÉ AUX LÉGUMES VERTS ASIATIQUES

**1 canard laqué chinois (1 kg)**
**1 c. à s. d'huile d'arachide**
**2 gousses d'ail coupées en fines tranches**
**3 cm de gingembre frais (15 g), râpé**
**1 long piment rouge frais coupé en fines tranches**
**350 g de gai lan coupé en tronçons de 3 cm environ**
**1 c. à s. d'eau**
**1 c. à s. de sauce hoisin**
**2 c. à c. de sauce soja à teneur réduite en sel**
**4 ciboules coupées en morceaux de 3 cm**
**sel, poivre**

**Par portion** 519 kcal ; 42,1 g de lipides (dont 12 g de graisses saturées) ; 3,6 g de glucides ; 30,7 g de protéines ; 4,3 g de fibres

**1.** Coupez le canard en quatre et retirez les os. Coupez la chair du canard en tranches. Hachez grossièrement la peau et réservez-en 5 cuillerées à soupe.

**2.** Faites chauffer 1 cuillerée à café d'huile d'arachide dans un wok. Faites revenir la peau de canard jusqu'à ce qu'elle soit croustillante. Égouttez-la sur du papier absorbant.

**3.** Faites chauffer le reste d'huile dans le wok. Faites revenir l'ail, le gingembre et le piment. Ajoutez le gai lan, l'eau, les sauces et la moitié des ciboules. Faites sauter jusqu'à ce que le gai lan soit tendre. Ajoutez la chair de canard et la peau grillée, ainsi que le reste de ciboules. Remuez pour réchauffer. Salez et poivrez.

**Servez avec du riz thaï nature et des quartiers de citron vert.**

prêt en 25 MIN pour 4

## CHOW MEIN

1 c. à s. d'huile d'arachide
500 g de dinde hachée
1 oignon rouge moyen (170 g) finement haché
2 gousses d'ail écrasées
1 c. à s. de curry doux en poudre
2 branches de céleri (300 g) coupées en dés
1 carotte moyenne (120 g) grossièrement râpée
60 ml de bouillon de volaille
2 c. à s. de sauce d'huîtres
1 c. à s. de sauce soja japonaise
160 g de chou chinois coupé en fines lanières
120 g de petits pois surgelés
100 g de nouilles frites
55 g d'amandes mondées et grillées, grossièrement hachées
2 ciboules coupées en fines tranches

**1.** Faites chauffer l'huile d'arachide dans un wok. Faites sauter la dinde hachée, l'oignon rouge et l'ail jusqu'à ce que la viande soit dorée  Ajoutez le curry et faites revenir. Ajoutez le céleri et la carotte. Faites sauter jusqu'à ce que les légumes soient tendres. Ajoutez le bouillon de volaille, les sauces, le chou chinois et les petits pois. Faites sauter jusqu'à c e que le chou soit cuit.
**2.** Servez le sauté avec les nouilles frites, les amandes et les ciboules.

**Par portion** 445 kcal ; 26,1 g de lipides (dont 5,8 g de graisses saturées) ; 16,8 g de glucides ; 32,4 g de protéines ; 7,2 g de fibres

Vous pouvez remplacer la dinde par du poulet ou du porc haché.

prêt en **25 MIN** pour **4**

## AGNEAU AU BROCCOLINI

1 c. à s. d'huile d'arachide
600 g de filet d'agneau coupé en lanières
2 c. à c. d'huile de sésame
1 oignon rouge moyen (170 g) coupé en fins quartiers
2 gousses d'ail écrasées
350 g de broccolini coupé en morceaux de 3 cm ou de brocoli en fleurettes
250 g de pois gourmands
1 c. à s. d'eau
2 c. à s. de sauce pimentée douce
1 c. à s. de sauce soja japonaise
sel, poivre
1 tablespoon japanese soy sauce

1. Faites chauffer l'huile d'arachide dans un wok. Faites dorer l'agneau en plusieurs fois en le retirant du wok au fur et à mesure.
2. Faites chauffer l'huile de sésame dans le wok. Faites revenir l'oignon et l'ail jusqu'à ce que l'oignon soit tendre. Ajoutez le broccolini, les pois gourmands et l'eau. Faites revenir jusqu'à ce que les légumes soient tendres.
3. Remettez l'agneau dans le wok avec les sauces. Faites sauter pour réchauffer. Salez et poivrez.

**Par portion** 336 kcal ; 14,6 g de lipides (dont 3,6 g de graisses saturées) ; 8 g de glucides ; 39,7 g de protéines ; 6,3 g de fibre.

**Servez avec du riz thaï nature.**

prêt en **25 MIN** pour **4**

# POULET AU CITRON ET LÉGUMES VERTS ASIATIQUES

500 g de hauts de cuisse de poulet coupés en fines tranches
2 c. à s. d'huile d'arachide
10 cm de citronnelle fraîche (20 g) finement hachée
3 gousses d'ail écrasées
600 g de gai lan coupé en morceaux de 5 cm
1 petit poivron jaune (150 g) coupé en fines lanières
2 c. à s. de jus de citron
2 c. à s. de sauce soja claire
sel, poivre

**1.** Faites chauffer la moitié de l'huile d'arachide dans un wok. Faites dorer le poulet en plusieurs fois en le retirant du wok au fur et à mesure.
**2.** Faites chauffer le reste d'huile dans le wok. Faites revenir la citronnelle et l'ail. Ajoutez le gai lan, le poivron, le jus de citron et la sauce soja. Faites sauter jusqu'à ce que les légumes soient tendres.
**3.** Remettez le poulet dans le wok Faites-le sauter pour le réchauffer. Salez et poivrez.

**Par portion** 278 kcal ; 15,6 g de lipides (dont 3,5 g de graisses saturées) ; 3,3 g de glucides ; 27,7 g de protéines ; 6,2 g de fibres

**Servez avec du riz thaï nature.**

prêt en 35 MIN pour 4

## MOULES AUX HARICOTS NOIRS ET AU PIMENT

1 kg de moules nettoyées
250 ml d'eau
1 c. à s. d'huile d'arachide
1 petit poivron rouge (150 g) coupé en fines lanières
2 échalotes (50 g) coupées en fines tranches
1 long piment rouge frais coupé en fines tranches
3 gousses d'ail coupées en fines tranches
350 g de mini pak choï coupé en petits morceaux
2 cm de gingembre frais (10 g) coupé en fines tranches
60 ml de vin de riz chinois
1 c. à s. de sauce aux haricots noirs
1 c. à s. de sauce d'huîtres
½ c. à c. d'huile de sésame
2 c. à c. de sucre en poudre
5 c. à s. de feuilles de coriandre fraîche

**1.** Mettez les moules et l'eau dans un wok. Faites cuire à couvert pendant 5 minutes environ jusqu'à ce que les moules soient ouvertes (jetez celles qui sont restées fermées). Retirez les moules du wok et réservez 125 ml du liquide de cuisson.
**2.** Faites chauffer l'huile d'arachide dans le wok. Faites sauter le poivron, les échalotes, le piment, l'ail, le pak choï et le gingembre jusqu'à ce que le poivron soit tendre. Ajoutez le vin de riz et faites réduire le liquide de moitié sans couvrir le wok. Ajoutez le liquide de cuisson réservé, les sauces, l'huile de sésame et le sucre. Faites sauter 1 minute. Remettez les moules dans le wok et remuez pour réchauffer. Au moment de servir, parsemez de coriandre.

**Par portion** 147 kcal ; 6,6 g de lipides (dont 1,2 g de graisses saturées) ; 10,3 g de glucides ; 8,3 g de protéines ; 2,3 g de fibres

Servez avec du riz thaï nature.

prêt en **35 MIN** pour **4**

# POULET AUX NOIX DE CAJOU ET À LA SAUCE AUX PRUNES

2 c. à s. d'huile d'arachide
600 g de blancs de poulet coupés en fines lanières
1 oignon jaune moyen (150 g) coupé en fines rondelles
2 gousses d'ail coupées en fines tranches
1 poivron rouge moyen (200 g) coupé en fines tranches
1 poivron jaune moyen (200 g) coupé en fines tranches
1 carotte moyenne (120 g) coupée en fins bâtonnets
115 g de mini épis de maïs coupés en deux dans le sens de la longueur
80 ml de sauce aux prunes
2 c. à s. de sauce soja japonaise
50 g de noix de cajou non salées et grillées
5 c. à s. de feuilles de coriandre fraîche
sel, poivre

**1.** Faites chauffer la moitié de l'huile d'arachide dans un wok. Faites dorer le poulet en plusieurs fois en le retirant du wok au fur et à mesure.
**2.** Faites chauffer le reste d'huile dans le wok. Faites fondre l'oignon et l'ail. Ajoutez les poivrons, la carotte, le maïs et les sauces. Faites sauter jusqu'à ce que les légumes soient tendres. Remettez le poulet dans le wok avec les noix de cajou et la coriandre. Remuez pour réchauffer. Salez et poivrez.

**Par portion** 434 kcal ; 18,4 g de lipides (dont 3,6 g de graisses saturées) ; 25,4 g de glucides ; 39,6 g de protéines ; 4,6 g de fibres

**Servez avec du riz thaï nature et des quartiers de citron.**

prêt en 35 MIN pour 4

# POULET AU CINQ-ÉPICES ET AUX NOUILLES

250 g de nouilles fines aux œufs
600 g de blancs de poulet coupés en fines lanières
2 c. à s. de fécule de maïs
1 c. à c. de cinq-épices
2 c. à s. d'huile d'arachide
1 poivron rouge moyen (200 g) coupé en fines tranches
3 gousses d'ail écrasées
3 cm de gingembre frais (15 g), râpé
80 g de germes de soja
4 ciboules coupées en fines tranches
2 c. à s. de sauce soja foncée
2 c. à s. de sauce pimentée douce
2 c. à s. d'eau
sel, poivre

**1.** Faites cuire les nouilles dans une grande casserole. Égouttez-les.
**2.** Mélangez le poulet, la fécule de maïs et le cinq-épices dans un saladier. Faites chauffer la moitié de l'huile d'arachide dans un wok et faites dorer le poulet en plusieurs fois en le retirant du wok au fur et à mesure.
**3.** Faites chauffer le reste de l'huile dans le wok. Faites sauter le poivron, l'ail et le gingembre jusqu'à ce que le poivron soit tendre. Remettez le poulet dans le wok avec les nouilles, les germes de soja, les ciboules, les sauces et l'eau. Remuez jusqu'à ce que le plat soit chaud. Salez et poivrez.

**Par portion** 515 kcal ; 12,9 g de lipides (dont 2,7 g de graisses saturées) ; 53 g de glucides ; 43,6 g de protéines ; 3,6 g de fibres

Pour gagner du temps, achetez 500 g de crevettes décortiquées pour préparer la recette. Servez avec du riz thaï nature.

prêt en **35 MIN** pour **4**

## BEIGNETS DE CREVETTES AU MIEL

**1 kg de crevettes crues moyennes**
**150 g de farine avec levure incorporée**
**310 ml d'eau**
**1 œuf**
**50 g de fécule de maïs**
**huile de friture**
**120 g de miel**
**1 c. à s. de graines de sésame grillées**
**2 ciboules coupées en fines tranches**

**Par portion** 546 kcal ; 19,1 g de lipides (dont 2,7 g de graisses saturées) ; 61,6 g de glucides ; 31,9 g de protéines ; 1,8 g de fibres

**1.** Retirez la carapace et la veine noire dorsale des crevettes en conservant la queue.
**2.** Tamisez la farine dans un saladier et ajoutez peu à peu l'eau et l'œuf pour former une pâte onctueuse. Mélangez les crevettes et la fécule de maïs puis secouez pour en retirer l'excédent. Trempez les crevettes, une par une, dans la pâte en les tenant par la queue. Égouttez l'excédent de pâte si nécessaire.
**3.** Faites chauffer l'huile de friture dans un wok. Faites frire les crevettes en plusieurs fois jusqu'à ce qu'elles soient dorées en les retirant du wok au fur et à mesure. Égouttez-les sur du papier absorbant.
**4.** Pendant ce temps, mettez le miel dans une petite casserole, portez à ébullition, puis retirez du feu.
**5.** Répartissez les beignets de crevette dans des bols ou des assiettes, arrosez-les de miel et parsemez-les de graines de sésame et de ciboules.

prêt en 30 MIN pour 4

## CALAMARS AU CITRON ET HERBES FRAÎCHES

600 g de blancs de calamar nettoyés
2 gousses d'ail écrasées
1 c. à s. de mélange d'épices chermoula
1 c. à c. de zeste de citron finement râpé
2 c. à s. d'huile d'olive
100 g de mini légumes à feuilles asiatiques variés, ou de pousses d'épinard
8 c. à s. de feuilles de menthe fraîche (10 g)
8 c. à s. de feuilles de coriandre fraîche (10 g)

VINAIGRETTE AU CITRON
60 ml de jus de citron
1 c. à s. d'huile d'olive
½ c. à c. de sucre en poudre
sel, poivre

**1.** Préparez la vinaigrette au citron en mélangeant les ingrédients dans un bol. Salez et poivrez.
**2.** Ouvrez les blancs de calamar en les incisant sur l'un des côtés. Quadrillez l'intérieur avec la pointe d'un couteau puis découpez-les en lanières de 3 cm. Mélangez les calamars, l'ail, le mélange d'épices chermoula, le zeste de citron et la moitié de l'huile d'olive dans un saladier.
**3.** Faites chauffer le reste d'huile d'olive dans un wok. Faites sauter les calamars en plusieurs fois jusqu'à ce qu'ils soient tendres.
**4.** Répartissez les mini légumes, les herbes et les calamars dans 4 assiettes. Ajoutez la vinaigrette.

**Par portion** 253 kcal ; 15,6 g de lipides (dont 2,5 g de graisses saturées) ; 1,7 g de glucides ; 25,7 g de protéines ; 1 g de fibres

prêt en **35 MIN** pour **4**

# PORC AU CURRY VERT À LA THAÏE

**2 c. à s. d'huile d'arachide**
**600 g de filet de porc coupé en fines lamelles**
**2 c. à s. de pâte de curry vert thaïe**
**2 mini aubergines (120 g) coupées en morceaux**
**1 courgette (150 g) coupée en morceaux**
**115 g de mini épis de maïs coupés en deux dans le sens de la longueur**
**270 ml de lait de coco**
**2 feuilles de citronnier kaffir coupées en lanières**
**1 c. à s. de jus de citron vert**
**1 c. à s. de nuoc-mâm**
**2 c. à c. de sucre roux**
**5 c. à s. de feuilles de coriandre fraîche hachées**
**sel, poivre**

**Par portion** 464 kcal ; 28,9 g de lipides (dont 14,9 g de graisses saturées) ; 11,4 g de glucides ; 37,7 g de protéines ; 5 g de fibres

**1.** Faites chauffer la moitié de l'huile d'arachide dans un wok. Faites dorer le porc en plusieurs fois en le retirant du wok au fur et à mesure.

**2.** Faites chauffer le reste d'huile et faites revenir la pâte de curry. Ajoutez les aubergines, la courgette et le maïs. Faites sauter jusqu'à ce que les légumes soient tendres. Ajoutez le lait de coco, les feuilles de citronnier kaffir, le jus de citron vert, le nuoc-mâm et le sucre. Faites sauter 2 minutes. Remettez le porc dans le wok. Remuez pour réchauffer. Salez et poivrez. Au moment de servir, parsemez de coriandre.

**Servez avec du riz thaï nature.**

Servez le nasi goreng avec du concombre et des tomates coupés en tranches.

Pour gagner du temps, vous pouvez acheter 300 g de crevettes décortiquées.

prêt en **35 MIN** pour **4**

## NASI GORENG AUX CREVETTES

- 600 g de crevettes moyennes crues
- 1 c. à c. d'huile de sésame
- 1 c. à s. d'huile d'arachide
- 1 oignon jaune moyen (150 g) finement haché
- 3 gousses d'ail écrasées
- 5 cm de gingembre frais (25 g), râpé
- 1 c. à s. de sambal oelek
- 2 blancs de poulet (200 g) coupés en morceaux de 2 cm
- 450 g de riz long cuit
- 160 g de chou chinois coupé en fines lanières
- 80 g de germes de soja
- 4 ciboules coupées en fines tranches
- 1 c. à s. de kecap manis
- 4 œufs
- sel, poivre

**1.** Retirez la carapace et la veine dorsale noire des crevettes. Coupez-les en morceaux.
**2.** Faites chauffer l'huile de sésame et la moitié de l'huile d'arachide dans un wok. Faites sauter l'oignon, l'ail, le gingembre et le sambal oelek jusqu'à ce que l'oignon soit tendre. Ajoutez le poulet et faites-le dorer. Ajoutez les crevettes et faites-les sauter jusqu'à ce qu'elles soient roses. Ajoutez le riz, le chou chinois, les germes de soja, les ciboules et le kecap manis. Remuez pour réchauffer. Salez et poivrez.
**3.** Pendant ce temps, faites chauffer le reste d'huile d'arachide dans une grande poêle. Faites cuire les œufs au plat.
**4.** Servez le nasi goreng dans des bols et ajoutez l'œuf au plat sur le dessus.

**Par portion** 436 kcal ; 15,2 g de lipides (dont 3,7 g de graisses saturées) ; 36,1 g de glucides ; 36,9 g de protéines ; 2,8 g de fibres

**Pour réaliser cette recette, il faut préparer le riz la veille au soir. Faites cuire 300 g de riz long, étalez-le sur un plateau et placez-le au réfrigérateur toute la nuit.**

prêt en **25 MIN** pour **4**

# AGNEAU À LA SAUCE HOISIN

1 c. à s. d'huile d'arachide
1 gros oignon jaune (200 g) finement haché
2 gousses d'ail écrasées
5 cm de gingembre frais (25 g), râpé
1 long piment rouge frais finement haché
600 g d'agneau haché
60 ml de sauce hoisin
2 c. à s. de jus de citron vert
227 g de châtaignes d'eau émincées en boîte, rincées, égouttées et finement hachées
250 g de germes de soja
10 g de feuilles de menthe fraîche
8 grandes feuilles de laitue iceberg
sel, poivre

**1.** Faites chauffer l'huile d'arachide dans un wok. Faites revenir l'oignon, l'ail, le gingembre et le piment. Ajoutez l'agneau haché et faites-le dorer. Ajoutez la sauce hoisin, le jus de citron vert, les châtaignes d'eau, les germes de soja et la moitié de la menthe. Faites sauter jusqu'à ce que le plat soit chaud. Salez et poivrez.
**2.** Répartissez le sauté d'agneau sur les feuilles de laitue et parsemez le reste de menthe.

**Par portion** 360 kcal ; 17,2 g de lipides (dont 6,1 g de graisses saturées) ; 13,8 g de glucides ; 34,5 g de protéines ; 6,6 g de fibres

prêt en **30 MIN** pour **4**

## CALAMARS AU PIMENT ET AU BASILIC

600 g de blancs de calamar coupés en anneaux de 1 cm
1 long piment rouge frais finement haché
2 gousses d'ail écrasées
5 c. à s. de feuilles de basilic grossièrement hachées
1 c. à s. d'huile d'olive
1 oignon rouge moyen (170 g) coupé en fines tranches
1 chorizo (170 g) coupé en fines tranches
250 g de tomates cerises coupées en deux
85 g de coulis de tomate
5 c. à s. de petites feuilles de basilic frais
1 citron moyen (140 g) coupé en quartiers

**1.** Mettez les calamars, le piment, l'ail, le basilic haché et l'huile d'olive dans un saladier.
**2.** Faites chauffer un wok et faites sauter les calamars jusqu'à ce qu'ils soient tendres en les retirant du wok au fur et à mesure. Faites sauter l'oignon et le chorizo dans le wok jusqu'à ce que l'oignon soit tendre et le chorizo doré. Remettez les calamars dans le wok avec le coulis de tomate et la moitié des feuilles de basilic. Faites sauter pour réchauffer.
**3.** Au moment de servir, ajoutez le reste de feuilles de basilic sur le sauté et accompagnez le plat de quartiers de citron.

**Par portion** 352 kcal ; 19,5 g de lipides (dont 5,9 g de graisses saturées) ; 7,6 g de glucides ; 34,9 g de protéines ; 3,2 g de fibres

**Servez avec de la salade verte.**

## BŒUF SAUTÉ SANG CHOY BOW

1 c. à s. d'huile d'arachide
4 ciboules coupées en fines tranches
400 g de bœuf haché
120 g de petits pois surgelés
60 ml de sauce hoisin
100 g de nouilles frites
8 grandes feuilles de laitue iceberg

Faites chauffer l'huile d'arachide dans un wok et faites revenir la moitié des ciboules.
Ajoutez le bœuf haché et faites-le dorer. Ajoutez ensuite les petits pois et la sauce hoisin.
Quand les petits pois sont cuits, retirez du feu et ajoutez les nouilles frites et le reste des ciboules.
Au moment de servir, répartissez le mélange dans les feuilles de laitue iceberg.

**Par portion** 277 kcal ; 13,3 g de lipides (dont 4,9 g de graisses saturées) ; 13,8 g de glucides ; 23,7 g de protéines ; 4,5 g de fibres

**Pour que les feuilles de laitue iceberg restent bien croquantes, faites-les tremper dans de l'eau glacée et essorez-les juste avant de servir.**

## POULET TERIYAKI AU GINGEMBRE

500 g de blancs de poulet coupés en lanières
4 cm de gingembre frais (20 g), râpé
1 c. à s. d'huile d'arachide
2 carottes moyennes (240 g) coupées en bâtonnets
1 gros poivron rouge (200 g) coupé en bâtonnets
2 c. à s. de sauce teriyaki
4 c. à s. de feuilles de coriandre fraîche, ciselées
sel, poivre

Mélangez les blancs de poulet et le gingembre.
Faites chauffer un wok huilé et faites dorer le poulet en plusieurs fois en le retirant du wok au fur et à mesure.
Faites chauffer le wok et faites sauter les carottes et le poivron jusqu'à ce qu'ils soient tendres.
Remettez le poulet dans le wok avec la sauce teriyaki. Salez et poivrez. Au moment de servir, ajoutez la coriandre fraîche.

**Par portion** 199 kcal ; 4,6 g de lipides (dont 1,1 g de graisses saturées) ; 8,1 g de glucides ; 29,8 g de protéines ; 2,2 g de fibres

**Servez avec du riz thaï nature.**

## RIZ SAUTÉ AU CURRY ET AUX LÉGUMES

3 c. à s. d'huile d'arachide
2 œufs battus
120 g de petits pois surgelés
120 g de grains de maïs, surgelés ou en boîte
150 g de jambon blanc coupé en dés
1 c. à s. de curry en poudre
600 g de riz long cuit
sel, poivre

Faites chauffer 1 cuillerée à soupe d'huile d'arachide dans un wok.
Versez les œufs battus en inclinant le wok pour former une omelette.
Lorsque l'omelette est baveuse, retirez-la du wok. Formez un rouleau et coupez-la en fines tranches.
Faites chauffer 2 cuillerées à soupe d'huile dans le wok et ajoutez les petits pois, le maïs, le jambon et le curry en poudre.
Quand les petits pois sont croquants, ajoutez 600 g de riz long cuit. Faites sauter pour réchauffer, puis ajoutez l'omelette.
Salez et poivrez.

**Par portion** 467 kcal ; 18,4 g de lipides (dont 3,5 g de graisses saturées) ; 55,6 g de glucides ; 17,4 g de protéines ; 4,4 g de fibres

## NOUILLES SAUTÉES AU POULET

**440 g de nouilles fines aux œufs**
**1 c. à s. d'huile d'arachide**
**500 g de hauts de cuisse de poulet, coupés finement**
**115 g de mini épis de maïs coupés en deux**
**120 ml de sauce aigre-douce**
**60 ml d'eau**
**2 ciboules coupées en fines tranches**
**sel, poivre**

Mettez les nouilles à gonfler dans un saladier d'eau bouillante puis séparez-les avec une fourchette et égouttez-les.
Faites chauffer 2 cuillerées à café d'huile dans un wok et faites dorer les tranches de poulet en plusieurs fois en les retirant du wok au fur et à mesure. Faites chauffer 2 cuillerées à café d'huile dans le wok et faites sauter les mini épis de maïs, la sauce aigre-douce et l'eau jusqu'à ce que le maïs soit tendre.
Remettez le poulet dans le wok avec les nouilles. Faites sauter pour réchauffer. Salez et poivrez. Au moment de servir, ajoutez les ciboules.

**Par portion** 435 kcal ; 12,1 g de lipides (dont 2,6 g de graisses saturées) ; 49,9 g de glucides ; 30 g de protéines ; 3,5 g de fibres

## POULET AUX POIVRONS

**1 c. à s. d'huile d'arachide**
**500 g de hauts de cuisse de poulet coupés en dés**
**1 oignon jaune moyen (150 g) coupé en quartiers**
**1 poivron jaune moyen (150 g) coupé en dés**
**1 poivron rouge moyen (150 g) coupé en dés**
**250 g de haricots verts**
**125 ml de sauce aux prunes**
**60 ml d'eau**
**sel, poivre**

Faites chauffer 2 cuillerées à café d'huile dans un wok et faites dorer les hauts de cuisse de poulet en plusieurs fois en les retirant du wok au fur et à mesure.
Faites chauffer 2 cuillerées à café d'huile dans le wok et faites sauter l'oignon, les poivrons et les haricots verts jusqu'à ce que les légumes soient tendres. Remettez le poulet dans le wok avec la sauce aux prunes et l'eau. Faites sauter pour réchauffer. Salez et poivrez.

**Par portion** 331 kcal ; 11,5 g de lipides (dont 2,5 g de graisses saturées) ; 29,7 g de glucides ; 26,2 g de protéines ; 3,4 g de fibres

## AGNEAU ÉPINARDS ET NOUILLES DE RIZ

**300 g de nouilles de riz**
**1 c. à s. d'huile d'arachide**
**500 g de filet d'agneau coupé en fines tranches**
**300 g d'épinards coupés en lanières**
**2 gousses d'ail écrasées**
**60 ml de kecap manis**
**1 c. à s. de sauce soja japonaise**
**sel, poivre**

Mettez les nouilles de riz à gonfler dans un saladier d'eau bouillante puis égouttez-les.
Faites chauffer un wok huilé et faites sauter les tranches d'agneau en plusieurs fois en les retirant du wok au fur et à mesure.
Faites chauffer le wok et faites fondre les épinards avec l'ail.
Remettez l'agneau dans le wok avec les nouilles, le kecap manis et la sauce soja japonaise. Faites sauter pour réchauffer. Salez et poivrez.

**Par portion** 334 kcal ; 12,5 g de lipides (dont 3,9 g de graisses saturées) ; 15,2 g de glucides ; 38,4 g de protéines ; 1,7 g de fibres

## PAD THAÏ AU TOFU

250 g de nouilles de riz
320 g de tofu ferme coupé en dés de 2 cm
4 ciboules coupées en morceaux de 4 cm
1 c. à s. d'huile d'olive
2 c. à c. de gingembre frais, râpé
2 c. à s. de sauce pad thaï
2 c. à s. de jus de citron vert
coriandre fraîche pour servir (facultatif)

Mettez les nouilles de riz à gonfler dans un saladier d'eau bouillante puis égouttez-les.
Faites chauffer un wok huilé et faites sauter le tofu en plusieurs fois jusqu'à ce qu'il soit doré en le retirant du wok au fur et à mesure. Faites sauter les ciboules avec le gingembre. Remettez le tofu dans le wok avec les nouilles, la sauce pad thaï et le jus de citron vert. Faites sauter pour réchauffer. Au moment de servir, parsemez de coriandre fraîche si vous le souhaitez.

**Par portion** 203 kcal ; 8,9 g de lipides (dont 1,3 g de graisses saturées) ; 16,2 g de glucides ; 10,9 g de protéines ; 7,1 g de fibres

## LÉGUMES À LA SAUCE CHAR SIU

1 c. à s. d'huile d'arachide
1 oignon rouge moyen (170 g) émincé
350 g de gai lan coupé en morceaux
300 g de choy sum coupé en morceaux
60 ml de sauce char siu
1 c. à s. de graines de sésame grillées

Faites chauffer l'huile d'arachide dans un wok. Faites fondre l'oignon. Ajoutez le gai lan et le choy sum coupés en morceaux avec la sauce char siu. Faites sauter jusqu'à ce que les légumes soient cuits. Au moment de servir, parsemez de graines de sésame grillées.

**Par portion** 136 kcal ; 7,3 g de lipides (dont 1,1 g de graisses saturées) ; 10,3 g de glucides ; 4,4 g de protéines ; 6,8 g de fibres

**Servez avec du riz thaï nature.**

## LÉGUMES À L'AIGRE-DOUCE

1 c. à s. d'huile d'arachide
800 g de légumes variés (choy sum, gai lan, carottes, poivrons, pois gourmands...)
115 g de mini épis de maïs coupés en morceaux
225 g de morceaux d'ananas en boîte, égouttés
125 ml de sauce aigre-douce
50 g de champignons enoki
sel, poivre

Faites chauffer l'huile d'arachide dans un wok. Ajoutez les légumes et les mini épis de maïs. Faites sauter jusqu'à ce que les légumes soient tendres. Ajoutez l'ananas, la sauce aigre-douce et les champignons enoki. Faites sauter pour réchauffer. Salez et poivrez.

**Par portion** 213 kcal ; 5,4 g de lipides (dont 0,9 g de graisses saturées) ; 31,8 g de glucides ; 5,2 g de protéines ; 8,8 g de fibres

## POTIRON ET POIS CHICHES AUX ÉPICES

2 c. à s. d'huile d'arachide
500 g de potiron coupé en morceaux de 1 cm
1 c. à s. d'épices chermoula
420 g de pois chiches en boîte, égouttés et rincés
350 g d'épinards grossièrement hachés
sel, poivre

Faites chauffer l'huile d'arachide dans un wok. Faites sauter le potiron 6 minutes environ jusqu'à ce qu'il soit presque tendre. Ajoutez les épices chermoula, puis faites sauter 2 minutes jusqu'à ce que le potiron soit cuit. Ajoutez les pois chiches et les épinards grossièrement hachés. Faites fondre les épinards, salez et poivrez.

**Par portion** 198 kcal ; 11 g de lipides (dont 2,1 g de graisses saturées) ; 15,5 g de glucides ; 7,2 g de protéines ; 5,4 g de fibres

**Servez avec du riz thaï nature et des quartiers de citron.**

## LÉGUMES PIMENTÉS

400 g de légumes variés (choy sum, gai lan, carottes, poivrons, pois gourmands…)
600 g de mini pak choï coupés en morceaux
80 ml de sauce asiatique au soja, au miel et à l'ail
70 g de noix de cajou grillées, non salées
12 g de feuilles de menthe
1 long piment rouge frais coupé en fines tranches pour servir
sel, poivre

Faites chauffer un wok huilé et faites sauter les légumes. Ajoutez les mini pak choï coupés en morceaux et la sauce asiatique au soja, au miel et à l'ail, puis faites sauter jusqu'à ce que le pak choï soit tendre. Ajoutez les noix de cajou et la menthe. Remuez, salez et poivrez. Au moment de servir, ajoutez le piment.

**Par portion** 189 kcal ; 11,8 g de lipides (dont 2 g de graisses saturées) ; 9,6 g de glucides ; 7,9 g de protéines ; 6,9 g de fibres

## HALLOUMI ET TOMATES

1 c. à s. d'huile végétale
250 g de fromage halloumi, coupé en tranches de 2 cm d'épaisseur
4 courgettes moyennes (600 g), coupées en grosses tranches
1 poivron rouge moyen (200 g), épépiné et coupé en tranches
250 g de tomates cerises coupées en deux
80 ml de coulis de tomate
sel, poivre

Faites chauffer l'huile dans un wok et faites dorer le fromage en plusieurs fois en le retirant du wok au fur et à mesure.
Faites chauffer le wok et faites sauter les courgettes, le poivron et les tomates cerises jusqu'à ce que les légumes soient tendres. Remettez le fromage dans le wok avec le coulis de tomate. Remuez pour réchauffer, salez et poivrez.

**Par portion** 189 kcal ; 11,8 g de lipides (dont 2 g de graisses saturées) ; 9,6 g de glucides ; 7,9 g de protéines ; 6,9 g de fibres

# SOIRÉE WOK ENTRE AMIS

prêt en **30 MIN** pour **4**

## POULET AU MIEL, PAK CHOÏ ET SÉSAME

600 g de hauts de cuisse de poulet coupés en gros dés
60 ml de sauce soja claire
90 g de miel
2 cm de gingembre frais (10 g), râpé
1 gousse d'ail écrasée
2 c. à s. de coriandre fraîche finement hachée
1 c. à s. de menthe vietnamienne finement hachée
1 c. à s. d'huile d'arachide
2 c. à c. d'huile de sésame
1 petit oignon rouge (100 g) coupé en fines tranches
1 petit poivron rouge (150 g) coupé en dés
300 g de pak choï coupé en fines lanières
1 c. à s. de graines de sésame noires
sel, poivre

**Par portion** 359 kcal ; 16,2 g de lipides (dont 3,6 g de graisses saturées) ; 22,4 g de glucides ; 30,7 g de protéines ; 2,1 g de fibres

**1.** Mélangez le poulet, la sauce soja, le miel, le gingembre, l'ail et les herbes dans un saladier. Retirez ensuite le poulet en l'égouttant et réservez la marinade.
**2.** Faites chauffer l'huile d'arachide dans un wok. Faites dorer le poulet en plusieurs fois en le retirant du wok au fur et à mesure.
**3.** Faites chauffer l'huile de sésame dans le wok. Faites sauter l'oignon et le poivron jusqu'à ce qu'ils soient tendres. Ajoutez le pak choï et la marinade réservée. Faites sauter jusqu'à ce que le pak choï soit tendre. Remettez le poulet dans le wok, faites-le sauter pour le réchauffer, salez et poivrez. Au moment de servir, saupoudrez de graines de sésame.

**Servez avec du riz thaï nature.**
**Vous pouvez faire mariner le poulet quelques heures ou toute la nuit au réfrigérateur.**

Vous pouvez remplacer le thon par du saumon frais ou de la truite.

prêt en **30 MIN** pour **4**

## NOUILLES SAUTÉES AU CHOU ET AU THON

**600 g de thon frais coupé en dés**
**60 ml de sauce soja claire**
**1 c. à s. de wasabi**
**1 c. à s. de jus de citron vert**
**1 c. à s. de sucre de palme râpé**
**440 g de nouilles fines aux œufs, fraîches**
**2 c. à s. d'huile d'arachide**
**120 g de chou vert coupé en fines lanières**
**125 ml de sauce pimentée douce**
**1 c. à s. de nuoc-mâm**
**2 ciboules coupées en fines tranches**
**sel, poivre**

**Par portion** 531 kcal ; 19,7 g de lipides (dont 5,7 g de graisses saturées) ; 39,7 g de glucides ; 45,7 g de protéines ; 4,7 g de fibres

**1.** Mélangez le thon, la sauce soja, le wasabi, le jus de citron vert et le sucre de palme dans un saladier. Retirez le thon et réservez 2 cuillerées à soupe de marinade.
**2.** Mettez les nouilles dans un saladier d'eau bouillante puis séparez-les avec une fourchette et égouttez-les.
**3.** Faites chauffer la moitié de l'huile dans un wok. Faites sauter le thon en plusieurs fois jusqu'à ce qu'il atteigne le degré de cuisson souhaité en le retirant du wok au fur et à mesure. Salez et poivrez.
**4.** Faites chauffer le reste d'huile dans le wok. Faites sauter le chou jusqu'à ce qu'il soit tendre. Ajoutez les nouilles, la marinade réservée, la sauce pimentée douce et le nuoc-mâm. Faites sauter jusqu'à ce que la sauce arrive à ébullition, salez et poivrez. Au moment de servir, ajoutez le thon et les ciboules sur les nouilles.

prêt en **30 MIN** pour **4**

# CREVETTES À LA CIBOULE ET AUX BLETTES À CÔTES

**1 kg de crevettes moyennes crues**
**80 ml de sauce soja japonaise**
**2 c. à s. de nuoc-mâm**
**60 ml de jus de citron vert**
**2 c. à s. de mirin**
**2 c. à s. de sucre de palme râpé**
**2 c. à s. d'huile d'arachide**
**250 g de blettes à côtes, épluchées et coupées en fines lanières**
**1 petit poivron jaune (150 g) coupé en fines tranches**
**2 feuilles d'algues nori coupées en fines lanières**
**1 citron vert coupé en quartiers**
**sel, poivre**

**Par portion** 254 kcal ; 10,1 g de lipides (dont 1,8 g de graisses saturées) ; 9,5 g de glucides ; 28,9 g de protéines ; 1,4 g de fibres

**1.** Retirez la carapace et la veine noire dorsale des crevettes en conservant la tête et la queue.
**2.** Mélangez les crevettes, la sauce soja, le nuoc-mâm, le jus de citron vert, le mirin et le sucre de palme dans un saladier. Retirez les crevettes en les égouttant et réservez 60 ml de marinade.
**3.** Faites chauffer la moitié de l'huile dans un wok. Faites sauter les crevettes en plusieurs fois jusqu'à ce qu'elles deviennent roses en les retirant du wok au fur et à mesure.
**4.** Faites chauffer le reste d'huile dans le wok. Faites sauter les blettes à côtes et le poivron jusqu'à ce que les légumes soient tendres. Remettez les crevettes dans le wok avec la marinade réservée et la moitié des algues nori. Faites sauter jusqu'à ce que la sauce commence à bouillir. Salez et poivrez. Au moment de servir, parsemez le reste d'algues nori et accompagnez de quartiers de citron vert.

**Utilisez des ciseaux bien aiguisés pour couper les feuilles nori en fines lanières.**
**Vous pouvez faire mariner les crevettes quelques heures ou toute la nuit au réfrigérateur.**

prêt en 30 MIN pour 4

# POULET AUX NOIX DE CAJOU, CHÂTAIGNES D'EAU ET BROCOLI

600 g de hauts de cuisse de poulet coupés en dés
2 c. à s. de sauce XO
1 c. à c. de nuoc-mâm
2 c. à s. de zeste de citron finement râpé
2 c. à s. de jus de citron
1 c. à s. de sucre roux
10 cm de citronnelle (20 g) finement hachée
2 c. à s. d'huile d'arachide
1 petit oignon jaune (80 g) coupé en fines tranches
1 long piment rouge frais coupé en fines tranches
300 g de brocoli coupé en fleurettes
227 g de châtaignes d'eau entières en boîte, rincées et égouttées
2 ciboules coupées en fines tranches
40 g de noix de cajou grillées et non salées, grossièrement hachées
sel, poivre

1. Mélangez le poulet, les sauces, le zeste et le jus de citron, le sucre et la citronnelle dans un saladier.
2. Faites chauffer la moitié de l'huile d'arachide dans un wok. Faites dorer le poulet en plusieurs fois en le retirant du wok au fur et à mesure.
3. Faites chauffer le reste d'huile dans le wok et faites dorer l'oignon et le piment. Ajoutez le brocoli et les châtaignes d'eau. Faites sauter jusqu'à ce que le brocoli soit tendre. Remettez le poulet dans le wok et faites-le sauter pour le réchauffer. Salez et poivrez. Au moment de servir, parsemez de ciboules et de noix de cajou.

**Par portion** 391 kcal ; 22,2 g de lipides (dont 4,8 g de graisses saturées) ; 10,8 g de glucides ; 34,4 g de protéines ; 5,4 g de fibres

Servez avec du riz thaï nature

La sauce XO est une sauce chinoise épicée préparée avec des crevettes et des poissons séchés et cuite avec des piments, des oignons, de l'ail et de l'huile. Elle est disponible dans les épiceries asiatiques.

Vous pouvez faire mariner le poulet quelques heures ou toute la nuit au réfrigérateur.

prêt en 30 MIN pour 4

## BŒUF AUX PISTACHES ET AU BROCOLI

600 g d'entrecôte coupée en fines tranches
2 c. à s. de dukkah
65 g de pistaches non salées grillées, finement hachées
2 c. à s. d'huile d'arachide
2 c. à c. d'huile de sésame
2 échalotes (50 g) coupées en fines tranches
350 g de brocoli coupé en petits morceaux
2 c. à s. de kecap manis
2 c. à s. de vin de riz chinois
sel, poivre

1. Mélangez le bœuf, le dukkah et la moitié des pistaches dans un saladier.
2. Faites chauffer la moitié de l'huile d'arachide dans un wok. Faites dorer le bœuf en plusieurs fois en le retirant du wok au fur et à mesure.
3. Faites chauffer le reste d'huile d'arachide et l'huile de sésame dans le wok. Ajoutez les échalotes et le brocoli, et faites-les sauter jusqu'à ce que le brocoli soit tendre. Remettez le bœuf dans le wok avec le kecap manis et le vin de riz. Faites sauter pour réchauffer, salez et poivrez. Au moment de servir, parsemez le plat avec le reste de pistaches.

**Par portion** 491 kcal ; 31,5 g de lipides (dont 6,7 g de graisses saturées) ; 4,2 g de glucides ; 43,8 g de protéines ; 5,3 g de fibres

Après avoir fait sauter le bœuf, essuyez le wok avec du papier absorbant pour éviter que les épices ou les pistaches restées dans le wok ne brûlent. Vous pouvez faire mariner le bœuf quelques heures ou toute la nuit au réfrigérateur.

**Le dukkah est un mélange de graines, de noix et d'épices d'Égypte. Vous pourrez le trouver dans les épiceries orientales et certains magasins d'épices.**

prêt en 30 MIN pour 4

## AGNEAU ÉPICÉ AUX HARICOTS VERTS

600 g d'agneau (épaule, côte) coupé en fines tranches
2 c. à c. de piment de la Jamaïque moulu
55 g de sucre roux
60 ml de sauce Worcestershire
2 c. à s. d'huile d'arachide
300 g de haricots verts équeutés
250 g de champignons de Paris coupés en quatre

**Par portion** 386 kcal ; 17,9 g de lipides (dont 4,8 g de graisses saturées) ; 19,3 g de glucides ; 36 g de protéines ; 3,7 g de fibres

**1.** Mélangez l'agneau, le piment de la Jamaïque, le sucre et la sauce Worcestershire dans un saladier. Retirez l'agneau en l'égouttant et réservez la marinade.
**2.** Faites chauffer la moitié de l'huile dans un wok. Faites dorer l'agneau en plusieurs fois en le retirant du wok au fur et à mesure.
**3.** Faites chauffer le reste d'huile dans le wok. Faites sauter les haricots verts, les champignons et la marinade réservée jusqu'à ce que la sauce arrive à ébullition et que les légumes soient tendres. Remettez l'agneau dans le wok et remuez pour réchauffer. Salez et poivrez.

**Servez avec du riz thaï nature.**
**Vous pouvez faire mariner l'agneau quelques heures ou toute la nuit au réfrigérateur.**

prêt en **25 MIN** pour **4**

## PORC AU CURRY ROUGE

**600 g de filet de porc coupé en fines tranches**
**75 g de pâte de curry rouge thaïe**
**1 c. à s. de sauce hoisin**
**2 c. à c. de nuoc-mâm**
**2 c. à s. d'huile d'arachide**
**150 g de champignons shiitakés frais coupés en fines tranches**
**200 g de mini carottes pelées**
**2 longs piments verts coupés en fines tranches**
**sel, poivre**

**1.** Mélangez le porc, la pâte de curry, la sauce hoisin et le nuoc-mâm dans un saladier.
**2.** Faites chauffer la moitié de l'huile d'arachide dans un wok. Faites dorer le porc en plusieurs fois en le retirant du wok au fur et à mesure.
**3.** Faites chauffer le reste d'huile et faites sauter les champignons et les carottes jusqu'à ce qu'ils soient tendres. Remettez le porc dans le wok et remuez pour réchauffer. Salez et poivrez.
**4.** Au moment de servir, parsemez de piment.

**Par portion** 351 kcal ; 18,9 g de lipides (dont 3,5 g de graisses saturées) ; 6,8 g de glucides ; 36,1 g de protéines ; 5,1 g de fibres

Servez avec du riz thaï nature. Vous pouvez faire mariner le porc quelques heures ou toute la nuit au réfrigérateur.

prêt en **35 MIN** pour **4**

# SOMEN ET TEMPURA DE POISSON

270 g de nouilles somen
90 g de préparation pour tempura prête à l'emploi
125 ml d'eau glacée
2 c. à s. de jus de citron vert
2 feuilles d'algues nori
4 filets de poisson blanc à chair ferme de 160 g chacun
huile de friture
2 c. à c. d'huile de sésame
50 g de germes de pois gourmands
8 c. à s. de feuilles de basilic (10 g) coupées en fines lanières
8 c. à s. de feuilles de menthe (10 g) coupées en fines lanières
sel, poivre

SAUCE AIGRE-DOUCE
125 ml de sauce pimentée douce
2 c. à s. de sauce soja japonaise
1 c. à s. de nuoc-mâm
2 c. à s. de jus de citron vert

**1.** Préparez la sauce aigre-douce.
**2.** Faites cuire les nouilles dans une grande casserole d'eau bouillante, puis égouttez-les.
**3.** Pendant ce temps, mettez la préparation pour tempura, l'eau et le jus de citron dans un saladier. Mélangez en veillant à ce que la pâte reste grumeleuse.
**4.** Coupez les feuilles de nori en bandes de la largeur des filets de poisson et badigeonnez-les d'un peu d'eau. Enroulez les feuilles de nori autour de chaque filet de poisson et formez un rouleau en serrant bien.
**5.** Faites chauffer l'huile dans un wok. Plongez les rouleaux dans la pâte et faites-les frire en deux fois jusqu'à ce qu'ils soient légèrement dorés et croustillants. Égouttez-les sur du papier absorbant et coupez-les en grosses tranches.
**6.** Faites chauffer l'huile de sésame dans le wok. Faites sauter les nouilles, les germes de pois gourmands, les herbes et la moitié de la sauce aigre-douce jusqu'à ce que le plat soit chaud. Salez et poivrez.
**7.** Au moment de servir, disposez les tranches de poisson sur les nouilles et arrosez avec le reste de sauce. Accompagnez de quartiers de citron vert.

**Sauce aigre-douce**
Portez les sauces à ébullition dans une petite casserole. Retirez du feu et ajoutez le jus de citron vert.

**Par portion** 683 kcal ; 21,3 g de lipides (dont 3,7 g de graisses saturées) ; 75 g de glucides ; 43,8 g de protéines ; 5,3 g de fibres

Vous pouvez choisir le poisson blanc à chair ferme que vous préférez pour réaliser cette recette.
La préparation pour tempura est un mélange de farines de froment et de riz, de fécule et d'épices qui vous permet de réaliser très facilement des tempura japonaises de légumes ou de poissons chez vous. Vous la trouverez dans les épiceries asiatiques.

**Vous aurez peut-être besoin de plus de feuilles de nori en fonction de la taille des filets de poisson.**

Le crabe mou est un crabe qui a mué et qui n'a pas encore constitué sa nouvelle carapace. Il est commercialisé vivant chez le poissonnier ou congelé, auquel cas il faut bien l'éponger avant de le faire frire pour éviter les projections.

prêt en **35 MIN** pour **4**

## CRABE MOU AU PAK CHOÏ ET À LA SAUCE PIMENTÉE

**75 g de fécule de maïs**
**1 c. à s. de peri peri moulu**
**1 c. à s. de poivre au citron**
**2 c. à s. de zeste de citron finement râpé**
**4 crabes mous (500 g), égouttés et coupés en deux**
**2 œufs battus**
**huile de friture**
**2 c. à s. d'huile d'arachide**
**600 g de mini pak choï, côtes et feuilles séparées**
**115 g de mini épis de maïs**
**1 citron coupé en quartiers**
**sel, poivre**

SAUCE PIMENTÉE

**125 ml de sauce d'huîtres**
**2 c. à s. de purée de piment (ou de chilli jam)**
**60 ml d'eau**

**Par portion** 443 kcal ; 22,4 g de lipides (dont 3,9 g de graisses saturées) ; 33,6 g de glucides ; 24,2 g de protéines ; 4 g de fibres

**1.** Préparez la sauce pimentée.

**2.** Mélangez la fécule de maïs, le peri peri, le poivre au citron et le zeste de citron dans un saladier. Trempez les crabes dans les œufs puis dans les épices pour le recouvrir. Retirez l'excès.

**3.** Faites chauffer l'huile dans un wok. Faites frire les crabes en plusieurs fois jusqu'à ce qu'ils soient dorés en les retirant du wok au fur et à mesure. Égouttez-les sur du papier absorbant.

**4.** Faites chauffer l'huile d'arachide dans le wok et faites sauter le pak choï, le maïs et la moitié de la sauce pimentée jusqu'à ce que le pak choï soit tendre. Salez et poivrez.

**5.** Dressez le pak choï dans des assiettes, ajoutez les crabes sur le dessus et nappez avec le reste de sauce pimentée. Servez avec des quartiers de citron.

**Sauce pimentée**
Mélangez les ingrédients dans un bol.

## CANARD AUX ASPERGES À LA SICHUANAISE

prêt en 25 min pour 4

600 g de magrets de canard sans peau, coupés en fines tranches
125 ml de sauce sichuanaise
1 c. à s. d'huile d'arachide
350 g d'asperges vertes parées, coupées en morceaux
240 g de chou vert coupé en fines lanières
120 g de petits pois surgelés
sel, poivre

Mélangez les magrets de canard avec la sauce sichuanaise dans un saladier.
Faites chauffer la moitié d'huile dans un wok et faites dorer le canard en plusieurs fois en le retirant du wok au fur et à mesure.
Faites chauffer le reste d'huile dans le wok et faites sauter les asperges et le chou vert jusqu'à ce que le chou soit cuit. Ajoutez et faites cuire les petits pois surgelés. Remettez le canard dans le wok. Salez et poivrez.

**Par portion** 322 kcal ; 16,2 g de lipides (dont 3,8 g de graisses saturées) ; 8,9 g de glucides ; 3,2 g de protéines ; 6,3 g de fibres

**Serve avec du riz nature.**

## AGNEAU AUX ANCHOIS, PIMENT ET CITRON VERT

prêt en 25 min pour 4

600 g d'épaule d'agneau coupée en fines tranches
2 c. à s. de purée de piment
10 filets d'anchois finement hachés
2 c. à c. de zeste de citron vert finement râpé
60 ml de jus de citron vert
1 c. à s. d'huile d'arachide
60 ml d'eau
sel, poivre

Mélangez l'agneau, la purée de piment, les anchois, le zeste et le jus de citron vert dans un saladier.
Faites chauffer un wok huilé et faites dorer l'agneau en plusieurs fois en le retirant du wok au fur et à mesure. Remettez l'agneau dans le wok et ajoutez l'eau.
Faites chauffer, salez et poivrez.

**Par portion** 261 kcal ; 11,9 g de lipides (dont 3,8 g de graisses saturées) ; 2,6 g de glucides ; 34,8 g de protéines ; 0,9 g de fibres

**Servez avec du riz nature ou des nouilles et 2 longs piments rouges frais coupés en fines tranches.**

## SAUMON AU MISO ET NOUILLES SOBA

prêt en 30 min pour 4

600 g de filets de saumon coupés en morceaux
2 c. à s. de pâte miso
270 g de nouilles soba
1 c. à s. d'huile
300 g de crème liquide
1 c. à c. de wasabi
2 ciboules émincées
2 c. à s. d'œufs de saumon
sel, poivre

Mélangez les morceaux de saumon et la pâte miso dans un saladier.
Faites cuire 270 g de nouilles soba dans de l'eau bouillante puis égouttez-les.
Pendant ce temps, faites chauffer la moitié de l'huile dans un wok et faites sauter le saumon en plusieurs fois selon le degré de cuisson souhaité en le retirant du wok au fur et à mesure.
Faites chauffer le reste d'huile dans le wok et faites sauter les nouilles. Ajoutez la crème mélangée au wasabi, faites sauter pour réchauffer, salez et poivrez.
Servez les nouilles avec le saumon, les ciboules et les œufs de saumon.

**Par portion** 553 kcal ; 17,4 g de lipides (dont 3,7 g de graisses saturées) ; 51,8 g de glucides ; 43,9 g de protéines ; 4,5 g de fibres

## CREVETTES PIMENTÉES ET VERMICELLES DE RIZ

prêt en 25 min pour 4

1 kg de crevettes crues
60 ml de sambal oelek
190 g de vermicelles de riz
1 c. à s. d'huile
400 g de légumes variés (choy sum, gai lan, carottes, poivrons, pois gourmands…)
2 piments rouges longs émincés
2 c. à s. de pâte de curry massaman
sel, poivre

Retirez la carapace et la veine dorsale des crevettes en conservant la tête et la queue. Mélangez les crevettes avec le sambal oelek dans un saladier.
Mettez les vermicelles de riz à gonfler dans un saladier d'eau bouillante avant de les égoutter.
Faites sauter les crevettes dans un wok huilé en plusieurs fois jusqu'à ce qu'elles deviennent roses en les retirant au fur et à mesure.
Faites chauffer le wok et faites sauter les légumes, les piments et la pâte de curry massaman.
Remettez la moitié des crevettes dans le wok et ajoutez les vermicelles. Mélangez pour réchauffer, salez et poivrez. Au moment de servir, ajoutez le reste des crevettes sur les vermicelles.

**Par portion** 313 kcal ; 9,9 g de lipides (dont 1,4 g de graisses saturées) ; 21,3 g de glucides ; 29,7 g de protéines ; 9,4 g de fibres

## THON AU POIVRE ET COLESLAW ASIATIQUE

prêt en 25 min pour 4

4 steaks de thon de 150 g chacun
1 c. à s. de paprika
1 c. à s. de poivre noir concassé
1 c. à s. d'huile
200 g de chou haché
1 grosse carotte (150 g) hachée
4 ciboules émincées
2 c. à s. de sauce pour mi gonreng (ou sauce pimentée douce)
100 g de nouilles frites
sel, poivre

Frottez les steaks de thon avec le paprika et le poivre noir concassé. Faites cuire le thon sur un gril en fonte huilé (ou sous le gril ou au barbecue) jusqu'à ce qu'il atteigne le degré de cuisson souhaité. Couvrez et laissez reposer le thon 10 minutes puis coupez-le en fines tranches.
Pendant ce temps, faites chauffer le wok huilé et faites sauter le chou, la carotte et les ciboules avec la sauce pour mi goreng. Faites sauter jusqu'à ce que les légumes soient tendres. Salez et poivrez.
Au moment de servir, disposez le thon sur le coleslaw sauté et ajoutez les nouilles frites.

**Par portion** 382 kcal ; 18,7 g de lipides (dont 5,8 g de graisses saturées) ; 9,7 g de glucides ; 41,7 g de protéines ; 4,6 g de fibres

## NOUILLES UDON AUX LÉGUMES PIMENTÉS

prêt en 20 min pour 4

440 g de nouilles udon fraîches
1 c. à s. d'huile d'arachide
400 g de légumes variés (choy sum, gai lan, carottes, poivrons, pois gourmands…)
100 g de champignons enoki
2 longs piments rouges frais coupés en fines tranches
4 c. à s. de harissa
sel, poivre

Mettez les nouilles udon à gonfler dans un saladier d'eau bouillante, puis séparez-les avec une fourchette et égouttez-les.
Faites chauffer l'huile d'arachide dans un wok et faites sauter les légumes variés, les champignons enoki et les piments. Faites sauter jusqu'à ce que les légumes soient tendres.
Ajoutez les nouilles et la harissa. Mélangez, salez et poivrez.

**Par portion** 3259 kcal ; 8,1 g de lipides (dont 1,1 g de graisses saturées) ; 37,4 g de glucides ; 6,5 g de protéines ; 4,7 g de fibres

# BAR À WOK

Toutes les recettes de ce chapitre sont pour 1 personne et sont prêtes en 30 minutes maxi.
Préparez plusieurs recettes et que chacun se serve selon ses envies !

prêt en **25 MIN**

## DINDE AUX CRANBERRIES

1 c. à s. d'huile d'arachide
1 échalote hachée
1 gousse d'ail écrasée
1 c. à s. de cranberries séchées
200 g de dinde hachée
1 c. à s. de sauce soja claire
½ c. à c. de nuoc-mâm
1 c. à s. de kecap manis
½ c. à c. de cinq-épices
1 petite carotte râpée
80 g de chou chinois coupé en fines lanières
½ mini concombre épépiné
et coupé en fines tranches
1 long piment rouge frais coupé en fines tranches
1 quartier de citron vert
sel, poivre

**1.** Faites chauffer l'huile dans un wok et faites fondre l'échalote, l'ail et les cranberries. Ajoutez la dinde et remuez pour la faire dorer.
**2.** Ajoutez les sauces, le cinq-épices, la carotte et le chou chinois. Faites sauter jusqu'à ce que le chou soit tendre. Salez et poivrez.
**3.** Disposez le concombre, le piment et le citron vert sur le dessus puis servez.

**Par portion** 516 kcal ; 29,4 g de lipides (dont 6,9 g de graisses saturées) ; 17,1 g de glucides ; 42,3 g de protéines ; 7,4 g de fibres

Vous pouvez remplacer la dinde par du poulet ou du porc.

prêt en 30 MIN

# SAUTÉ DE LÉGUMES AU TOFU

130 g de tofu ferme coupé en morceaux de 2 cm
3 c. à c. de pâte miso blanche
2 c. à c. de sucre de palme râpé
60 ml d'eau chaude
1 c. à s. d'huile d'arachide
1 échalote coupée en fines tranches
170 g d'asperges vertes coupées en deux dans la longueur
100 g de haricots verts coupés en deux dans la longueur
1 œuf
1 petit piment rouge émincé
½ ciboule coupée en fines tranches

**Par portion** 494 kcal ; 32,7 g de lipides (dont 6,5 g de graisses saturées) ; 18,9 g de glucides ; 27,9 g de protéines ; 8,5 g de fibres

**1.** Étalez le tofu sur du papier absorbant posé sur un plateau. Couvrez-le avec du papier absorbant et réservez 10 minutes.
**2.** Mélangez la pâte miso, le sucre et l'eau dans un bol.
**3.** Faites chauffer la moitié de l'huile dans un wok. Faites sauter l'échalote, les asperges et les haricots verts. Ajoutez le mélange à base de pâte miso et le tofu. Faites sauter pour réchauffer.
**4.** Faites chauffer le reste d'huile dans une petite poêle et faites cuire l'œuf au plat.
**5.** Disposez l'œuf au plat, le piment et la ciboule sur les légumes et le tofu puis servez.

prêt en 30 MIN

**Vous pouvez faire mariner le bœuf quelques heures ou toute la nuit au réfrigérateur.**

## BŒUF TERIYAKI AU PAK CHOÏ

200 g de steak de bœuf coupé en lanières
60 ml de sauce teriyaki
1 cm de gingembre frais (5 g), râpé
1 petit piment rouge frais thaï coupé en fines tranches
1 c. à s. d'huile d'arachide
1 échalote hachée
½ petit poivron rouge coupé en dés
1 mini pak choï coupé en morceaux
20 g de germes de soja ou autres graines germées
sel, poivre

**1.** Mélangez le bœuf, la sauce teriyaki, le gingembre et le piment dans un saladier.
**2.** Retirez le bœuf de la marinade et réservez-la. Faites chauffer la moitié de l'huile et faites sauter le bœuf puis retirez-le du wok.
**3.** Faites chauffer le reste d'huile dans le wok. Faites sauter l'échalote et le poivron. Ajoutez le pak choï et la marinade. Faites sauter jusqu'à ébullition. Salez et poivrez. Disposez les germes de soja sur le dessus et servez avec du riz nature.

**Par portion** 496 kcal ; 23,1 g de lipides (dont 4,9 g de graisses saturées) ; 7,3 g de glucides ; 61,5 g de protéines ; 3,9 g de fibres

prêt en **30 MIN**

# CALAMARS AU CUMIN

1 blanc de calamar nettoyé (150 g)
1 gousse d'ail écrasée
1 c. à s. de zeste de citron râpé
½ c. à c. de cumin moulu
½ c. à c. de piment séché, émietté
½ c. à c. de paprika doux
1 c. à s. d'huile d'arachide
½ petit oignon rouge en rondelles
1 petite courgette émincée
60 g de pousses d'épinard
SAUCE AU TAMARIN
1 c. à s. de concentré de tamarin
1 c. à c. de miel
1 c. à s. d'eau chaude

**1.** Ouvrez le calamar sur l'un des côtés. Quadrillez l'intérieur avec la pointe d'un couteau puis découpez-le en grosses lanières. Mélangez le calamar, l'ail, le zeste de citron et les épices dans un saladier.
**2.** Préparez la sauce au tamarin. Faites chauffer la moitié de l'huile dans un wok. Faites sauter le calamar puis retirez-le du wok. Faites chauffer le reste d'huile dans le wok. Faites sauter l'oignon et la courgette. Ajoutez les épinards et faites-les fondre en remuant. Nappez de sauce au tamarin puis servez.

**Par portion** 389 kcal ; 20,7 g de lipides (dont 3,9 g de graisses saturées) ; 20,1 g de glucides ; 28,7 g de protéines ; 4,8 g de fibres

Cette recette est également délicieuse avec des noix de Saint-Jacques à la place des calamars. Vous pouvez faire mariner les calamars pendant quelques heures ou toute la nuit au réfrigérateur.

prêt en 30 MIN

## POULET AU SATAY

1 c. à s. d'huile d'arachide
250 g de filet de poulet coupé en lanières
½ petit oignon jaune (40 g) finement haché
1 petit piment rouge frais thaï coupé en fines tranches
3 c. à c. de beurre de cacahuètes avec morceaux
60 ml de lait de coco
1 c. à c. de sauce soja claire
2 c. à c. de miel
1 petite carotte coupée en fins bâtonnets
1 c. à s. de coriandre fraîche hachée
1 c. à s. de cacahuètes grillées non salées, hachées
½ ciboule coupée en fines tranches
sel, poivre

1. Faites chauffer l'huile dans un wok. Faites sauter le poulet, l'oignon et le piment.
2. Ajoutez le beurre de cacahuètes, le lait de coco, la sauce soja, le miel et la carotte. Faites sauter jusqu'à ce que le poulet soit cuit. Retirez du feu. Incorporez la coriandre, salez et poivrez. Parsemez de cacahuètes et de ciboule au moment de servir.

**Par portion** 808 kcal ; 49,6 g de lipides (dont 17,7 g de graisses saturées) ; 22,4 g de glucides ; 66,4 g de protéines ; 6,6 g de fibres

**Servez avec du riz thaï nature.**
**Pour une version moins calorique, utilisez du lait de coco allégé.**

prêt en **30 MIN**

# PORC CHAR SIU AUX HARICOTS-KILOMÈTRE

200 g d'échine de porc coupée en lanières
2 c. à s. de sauce char siu
2 c. à c. de sauce soja claire
1 c. à c. de cinq-épices
1 c. à s. d'huile d'arachide
1 échalote (25 g) coupée en fines rondelles
1 gousse d'ail écrasée
100 g de haricots-kilomètre coupés en petits tronçons
1 c. à s. de mirin
50 g de pousses de bambou émincées en boîte, rincées et égouttées
2 c. à c. de graines de sésame grillées
sel, poivre

**Par portion** 31,5 g de lipides (dont 6,8 g d'acides gras saturés) ; 585 kcal ; 19 g de glucides ; 49,3 g de protéines ; 10,7 g de fibres

**1.** Mélangez le porc, les sauces et le cinq-épices dans un saladier.
**2.** Faites chauffer la moitié de l'huile d'arachide dans un wok. Faites sauter le porc jusqu'à ce qu'il soit doré et légèrement caramélisé. Retirez-le du wok.
**3.** Faites chauffer le reste d'huile dans le wok. Faites sauter l'échalote, l'ail et les haricots jusqu'à ce que les haricots soient tendres. Remettez le porc dans le wok avec le mirin et les pousses de bambou. Faites sauter pour réchauffer. Salez et poivrez. Au moment de servir, parsemez de graines de sésame.

**Vous pouvez utiliser du filet de porc coupé en fines tranches à la place de l'échine. Vous pouvez faire mariner le porc plusieurs heures ou toute la nuit au réfrigérateur.**

**Vous pouvez utiliser des nouilles hokkien à la place des nouilles de riz.**

Remplacez les crevettes par des noix de Saint-Jacques ou des filets de poisson blanc à chair ferme.
Vous pouvez faire mariner les crevettes plusieurs heures ou toute la nuit au réfrigérateur.

prêt en **30 MIN**

## CREVETTES PIMENTÉES AUX NOUILLES DE RIZ

7 crevettes crues moyennes (300 g)
1 gousse d'ail écrasée
2 c. à s. de sambal oelek
2 c. à c. d'huile d'arachide
2 c. à s. de coriandre fraîche finement hachée
100 g de nouilles de riz sèches
2 c. à c. d'huile de sésame
2 ciboules finement hachées
80 g de chou rouge coupé en fines lanières
2 c. à c. de nuoc-mâm
2 c. à s. de sauce d'huîtres
2 c. à c. de sucre roux
1 long piment rouge frais coupé en fines tranches
4 c. à s. de feuilles de coriandre fraîche
sel, poivre

**Par portion** 565 kcal ; 21,7 g de lipides (dont 3,4 g de graisses saturées) ; 50,2 g de glucides ; 37,9 g de protéines ; 7 g de fibres

**1.** Retirez la carapace et la veine dorsale des crevettes en conservant la queue. Mélangez les crevettes, l'ail, le sambal oelek, l'huile d'arachide et la coriandre hachée dans un petit saladier. Salez et poivrez.
**2.** Faites gonfler les nouilles dans un grand saladier d'eau bouillante, puis égouttez-les.
**3.** Pendant ce temps, faites chauffer l'huile de sésame dans un wok et faites sauter la préparation avec les crevettes jusqu'à ce qu'e les deviennent roses.
**4.** Ajoutez les ciboules, le chou, les sauces, le sucre et les nouilles, puis faites sauter jusqu'à ce que le chou soit tendre. Au moment ce servir, décorez avec les tranches de piment et la coriandre.

prêt en **30 MIN**

# AGNEAU À L'INDONÉSIENNE

**180 g de filet d'agneau coupé en lanières**
**2 c. à s. de sauce d'huîtres**
**1 c. à s. de sauce pimentée douce**
**1 gousse d'ail écrasée**
**1 c. à s. de basilic frais haché**
**150 g de nouilles hokkien**
**1 c. à s. d'huile d'arachide**
**1 ciboule coupée en fines tranches**
**50 g de pleurotes coupés en morceaux**
**50 g de pois gourmands équeutés**
**sel, poivre**

**Par portion** 712 kcal ; 28,9 g de lipides (dont 6,5 g de graisses saturées) ; 56,1 g de glucides ; 52,2 g de protéines ; 7,8 g de fibres

**1.** Mélangez l'agneau, les sauces, l'ail et le basilic dans un petit saladier.
**2.** Mettez les nouilles à gonfler dans un saladier d'eau bouillante, puis séparez-les avec une fourchette et égouttez-les.
**3.** Faites chauffer la moitié de l'huile d'arachide dans un wok et faites dorer l'agneau. Retirez la viande du wok.
**4.** Faites chauffer le reste d'huile et faites fondre la ciboule. Remettez l'agneau dans le wok avec les nouilles, les champignons et les pois gourmands. Faites sauter pour réchauffer. Salez et poivrez. Décorez de feuilles de basilic avant de servir.

**L'agneau peut mariner quelques heures ou toute la nuit au réfrigérateur.**

prêt en **30 MIN**

# POISSON AU CITRON

200 g de filet de poisson blanc coupé en morceaux
2 c. à c. de zeste de citron vert râpé
2 c. à c. de zeste de citron râpé
2 c. à c. de sauce pimentée douce
2 c. à c. de nuoc-mâm
1 c. à c. de citronnelle fraîche hachée
1 feuille de citronnier kaffir coupée en lanières
1 c. à s. d'huile d'arachide
1 ciboule coupée en fines tranches
2 c. à s. de sauce hoisin
300 g de gai lan en fines lanières
100 g de pousses de bambou émincées en boîte
sel, poivre

**Par portion** 536 kcal ; 26,2 g de lipides (dont 5,1 g de graisses saturées) ; 22,6 g de glucides ; 47,1 g de protéines ; 12,4 g de fibres

**1.** Mélangez le poisson, les zestes, les sauces, la citronnelle et la feuille de kaffir dans un saladier.
**2.** Faites chauffer la moitié de l'huile et faites sauter le poisson puis retirez-le du wok.
**3.** Faites chauffer le reste d'huile dans le wok et faites fondre la ciboule. Ajoutez la sauce hoisin, le gai lan et les pousses de bambou. Faites sauter jusqu'à ce que le gai lan soit tendre. Remettez le poisson dans le wok pour le réchauffer. Salez et poivrez.

**Le poisson peut mariner pendant 30 minutes. Servez avec du rie thaï nature et des quartiers de citron.**

## RIZ SAUTÉ À LA SAUCE PIQUANTE

prêt en 25 min

1 œuf
1 c. à s. de nuoc-mâm
1 c. à s. d'huile d'arachide
1 gousse d'ail émincée
2 c. à s. de purée de piment
1 mini pak choï coupé en morceaux
150 g de riz long cuit
1 ciboule coupée en fines tranches
sel, poivre

Battez l'œuf et le nuoc-mâm dans un bol. Versez dans un wok chauffé et huilé. Faites cuire l'omelette en inclinant le wok. Retirez l'omelette du wok, formez un rouleau et découpez-le en fines tranches. Faites chauffer le wok huilé et faites revenir l'ail, la purée de piment et le pak choï. Ajoutez le riz. Mélangez pour réchauffer. Salez et poivrez. Ajoutez l'omelette et la ciboule sur le riz sauté puis servez.

**Par portion** 510 kcal ; 25,8 g de lipides (dont 4,7 g de graisses saturées) ; 53,4 g de glucides ; 14,1 g de protéines ; 4,4 g de fibres

## POULET AU POIVRE

prêt en 30 min

200 g de filet de poulet coupé en morceaux
2 c. à c. de sel
1 c. à s. de poivre au citron
1 c. à s. d'huile d'arachide
1 pak choï coupé en morceaux
1 c. à s. de miso jaune
150 g de riz long cuit
feuilles de basilic thaï frais
sel, poivre

Mélangez le poulet, le sel et le poivre au citron dans un saladier. Faites chauffer un wok huilé et faites sauter le poulet. Ajoutez le pak choï et le miso jaune. Faites cuire jusqu'à ce que le pak choï soit tendre. Ajoutez le riz et faites sauter pour réchauffer. Servez le riz avec quelques feuilles de basilic thaï frais.

**Par portion** 598 kcal ; 17,2 g de lipides (dont 4,2 g de graisses saturées) ; 54,8 g de glucides ; 21,7 g de protéines ; 5,9 g de fibres

## POISSON À LA CAJUN ET RIZ AU GINGEMBRE

prêt en 20 min

200 g de filet de poisson blanc à chair ferme avec la peau
2 c. à s. d'épices cajun
1 c. à s. d'huile d'arachide
1 gousse d'ail coupée en fines tranches
1 cm de gingembre (5 g) coupé en fines tranches
150 g de riz long cuit
1 ciboule coupée en fines tranches
coriandre fraîche, yaourt nature
sel, poivre

Frottez le poisson avec la moitié des épices cajun. Faites chauffer un wok huilé et faites cuire le poisson côté peau 5 minutes, puis 5 minutes sur l'autre face. Retirez le poisson du wok et gardez-le au chaud. Faites chauffer le wok huilé et faites revenir l'ail et le gingembre. Ajoutez le riz, la ciboule et le reste d'épices cajun. Mélangez pour réchauffer. Salez et poivrez. Servez le riz frit avec le poisson, quelques feuilles de coriandre fraîche et un peu de yaourt nature.

**Par portion** 458 kcal ; 9 g de lipides (dont 2 g de graisses saturées) ; 47,6 g de glucides ; 45 g de protéines ; 1,4 g de fibres

**Vous pouvez également remplacer le poisson par du poulet ou des crevettes.**

## RIZ SAUVAGE AU FENOUIL

prêt en 30 min

1 c. à s. d'huile d'olive
80 g de potiron coupé en petits morceaux
½ petit poireau coupé en fines rondelles
1 mini fenouil coupé en fines tranches
2 c. à s. de pesto
150 g de riz sauvage cuit
1 c. à s. de feta émiettée
sel, poivre

Faites chauffer un wok huilé. Faites revenir le potiron. Ajoutez le poireau, le fenouil et le pesto. Faites sauter jusqu'à ce que les légumes soient tendres. Ajoutez le riz sauvage cuit. Mélangez pour réchauffer. Salez et poivrez. Pour servir, parsemez le riz sauté de feta émiettée.

**Par portion** 458 kcal ; 25,5 g de lipides (dont 7,4 g de graisses saturées) ; 36,9 g de glucides ; 16,5 g de protéines ; 8,2 g de fibres

**Nous avons utilisé du pesto prêt à l'emploi pour cette recette.**
**Vous pouvez remplacer le riz sauvage par du riz arborio (ou un autre type de riz rond).**

## RIZ SAUTÉ AU BŒUF

prêt en 30 min

150 g de bœuf coupé en lanières
1 c. à s. de kecap manis
1 c. à s. d'huile d'arachide
1 c. à s. de pâte de soja jaune
100 g de pois gourmands coupés en fines lanières
150 g de riz long complet cuit
1 c. à s. d'échalote frite
sel, poivre

Mélangez les lanières de bœuf et le kecap manis dans un bol. Faites chauffer un wok huilé et faites saisir le bœuf. Ajoutez la pâte de soja jaune, les pois gourmands et le riz. Mélangez pour réchauffer. Salez et poivrez. Pour servir, parsemez le riz sauté d'échalote frite.

**Par portion** 596 kcal ; 10,8 g de lipides (dont 2,4 g de graisses saturées) ; 97,2 g de glucides ; 52,9 g de protéines ; 6,8 g de fibres

## NASI GORENG

prêt en 20 min

1 œuf
1 c. à s. d'huile d'arachide
1 tranche de lard découennée et coupée en lardons
1 c. à s. d'épices pour nasi goreng
2 ciboules coupées en fines tranches
150 g de riz long cuit
1 tomate épépinée et coupée en dés
sel, poivre

Faites chauffer une petite poêle huilée et faites cuire l'œuf au plat. Faites chauffer un wok huilé et faites revenir les lardons. Ajoutez les épices, les ciboules et le riz long cuit. Mélangez pour réchauffer. Retirez du feu et ajoutez la tomate. Salez et poivrez. Pour servir, ajoutez l'œuf au plat sur le riz et parsemez de quelques tranches de ciboule.

**Par portion** 486 kcal ; 19,3 g de lipides (dont 5,7 g de graisses saturées) ; 50,7 g de glucides ; 25,7 g de protéines ; 2,8 g de fibres

**Vous trouverez le mélange d'épices pour nasi goreng dans les épiceries asiatiques ou au rayon des produits asiatiques de certains supermarchés.**

# GLOSSAIRE

**CAJUN** mélange d'herbes et d'épices, typique des États-Unis, contenant du paprika, du basilic, de l'oignon, du fenouil, du thym, du piment de Cayenne et de l'estragon.

**CANARD LAQUÉ** cuit dans un four spécifique, il est recouvert d'une couche laquée et sucrée réalisée avec de la sauce soja, du vin de riz, du cinq-épices et de la sauce hoisin. Vendu dans les épiceries asiatiques.

**CHERMOULA** mélange d'épices originaire du Maghreb, composé de cumin, paprika, oignon, curcuma, piment de Cayenne, ail, persil, sel et poivre. On l'utilise souvent avec du poulet ou de l'agneau.

**CINQ-ÉPICES** mélange en poudre de cannelle, clous de girofle, badiane, poivre du Sichuan et graines de fenouil.

**CONCENTRÉ DE TAMARIN** la pulpe de tamarin est transformée par distillation en concentré de tamarin. Il ajoute une saveur acide aux plats.

**CORIANDRE** en Thaïlande, on utilise les racines et les tiges en cuisine. Les graines de coriandre sont également utilisées en cuisine, mais ne remplacent pas les feuilles fraîches car les arômes sont différents.

**CREVETTES, PÂTE DE** pâte à base de crevettes salées et fermentées, typique des cuisines d'Asie du Sud-Est où elle entre dans la préparation des soupes et des sauces. À utiliser avec parcimonie en raison de sa saveur très forte.

**CUMIN** épice à la saveur anisée. Vendu sous forme de graines ou moulu.

**CURRY**
**curry en poudre** mélange d'épices moulues, composé de piment séché, cumin, cannelle, coriandre, fenouil, macis, fenugrec, cardamome et curcuma. Peut être fort ou doux.
**pâte de curry jaune** la pâte de curry thaïe la plus douce. Elle contient du piment jaune doux et du curcuma frais.
**pâte de curry massaman** pâte à base de cannelle, clous de girofle, noix de muscade, nuoc-mâm et citronnelle.
**pâte de curry rouge** version plus douce de la pâte de curry vert thaïe ; elle se compose de piment rouge, ail, échalote, sel, citronnelle, galanga, pâte de crevettes, zeste de citronnier kaffir, coriandre, cumin et paprika.
**sauce de curry fort de Singapour** disponible dans les épiceries asiatiques.

**FARINE**
**avec levure incorporée** farine contenant de la levure. Si vous n'en avez pas, ajoutez 2 c. à c. de levure pour 150 g de farine.
**de blé** farine de type 55.

**FÉCULE DE MAÏS** utilisée pour épaissir les préparations.

**FILETS DE POISSON BLANC À CHAIR FERME** tout type de filets de poisson sans arêtes, comme la julienne, le cabillaud, la perche, l'espadon ou la brème.

**GINGEMBRE** plante d'origine indienne dont la racine est utilisée comme condiment.
**moulu** gingembre séché réduit en poudre et utilisé généralement pour la pâtisserie. Il ne peut pas remplacer le gingembre frais.

**GRAINES GERMÉES** les plus courantes sont les germes de soja, de haricots mungo, d'alfalfa et de pois gourmands. On peut les acheter en barquette.

**HARICOT-KILOMÈTRE** haricot vert, très long (40 cm environ) et fin. Il est vendu frais dans les épiceries asiatiques. Il a un goût proche du haricot vert occidental.

**HUILE**
**d'arachide** l'huile la plus utilisée en Asie car elle est idéale pour les cuissons à haute température.
**d'olive** l'huile vierge extra est obtenue par première pression à froid. Il existe plusieurs provenances et des saveurs douces ou plus fruitées.
**de sésame** fabriquée à partir d e graines de sésame grillées. Elle est davantage utilisée pour parfumer que pour faire cuire les aliments.

**MINI LÉGUMES À FEUILLES ASIATIQUES** mélange de mini pak choï, choy sum, gai lan et liseron d'eau. Ils ne se conservent généralement pas très bien en raison de leur teneur élevée en eau et il est conseillé de les consommer le jour de leur achat.

**MIRIN** vin de cuisine japonais de couleur champagne. On l'obtient en mélangeant du riz gluant et de l'alcool de riz. À ne pas confondre avec le saké. Il existe également du mirin sucré, appelé « manjo mirin », à base d'eau, de riz, de glucose et d'alcool.

**MISO, PÂTE DE** pâte japonaise à base de haricots de soja fermentés et de riz, de seigle ou d'orge. Le miso peut être de couleur et de texture variées, et plus ou moins salé. Il est utilisé pour préparer des soupes, des sauces et des vinaigrettes. Le miso blanc est plus doux et légèrement moins salé que le miso rouge.
Le miso jaune est une pâte épaisse jaune foncé qui possède un goût salé et acide. Avant d'utiliser le miso, il faut le délayer dans un peu d'eau.

**NASI GORENG, MÉLANGE D'ÉPICES** mélange de piment, gingembre, ail, piment rouge, sucre, amchor (mangue séchée en poudre), poudre de crevettes et galanga.

**NOIX DE COCO**
**crème** première extraction de la chair de la noix de coco, sans ajout d'eau.
**lait** deuxième extraction (moins riche) de la chair de la noix de coco râpée ; disponible en boîte ou en brique.

**NORI** algue séchée utilisée dans la cuisine japonaise pour aromatiser, décorer ou préparer des sushis. Elle est vendue sous forme de feuilles fines, nature ou grillées (yakinori). Les feuilles nature sont noires et prennent une couleur verte et un parfum de noix une fois grillées.

**NOUILLES**
**nouilles fines** ces nouilles de blé précuites sont la version fine des nouilles hokkien. Elles sont vendues au rayon frais des épiceries asiatiques.
**nouilles frites** nouilles aux œufs chinoises préfrites, vendues en sachets de 100 g dans les épiceries asiatiques.
**ramen** nouilles japonaises souvent vendues en sachet avec des légumes et un assaisonnement pour préparer un repas instantané. Elles existent en différentes formes et longueurs.

**soba** nouilles fines ressemblant à des spaghettis brun pâle. Elles sont préparées avec de la farine de sarrasin.
**vermicelles de riz** ces nouilles très fines et translucides rappellent les vermicelles de soja en plus longs. Elles sont à base de farine de riz. Avant de les utiliser, il faut les faire tremper dans l'eau, les faire bouillir rapidement puis les rincer à l'eau chaude.
**vermicelles de soja** ou nouilles cellophane. Ces longs filaments transparents sont composés d'amidon de soja. Il faut les faire tremper dans l'eau avant de les utiliser.

**PAPRIKA** épice préparée à partir du poivron rouge moulu et séché. Il existe plusieurs types de paprika : le doux, le fort et le fumé.

**PIMENT DE LA JAMAÏQUE** il possède une saveur de noix de muscade, de cumin, de cannelle et de clou de girofle. On le trouve entier ou moulu. Vous pouvez le remplacer par du quatre-épices.

**PIMENT** il existe de nombreux types de piments, de tailles et de couleurs différentes, plus ou moins forts. Manipulez les piments avec des gants car ils peuvent brûler la peau. Retirez les graines et les membranes pour qu'ils soient moins forts.
**chilli jam** sauce au piment sucrée, aigre et piquante vendue dans les épiceries asiatiques. Elle s'utilise dans les sauces, les sautés et certaines soupes. Elle se conserve au réfrigérateur après ouverture. Vous pouvez la remplacer par de la purée de piment.
**rouge long** vendu frais ou séché. Il est plus ou moins fort et mesure entre 6 et 8 cm de long.
**rouge thaï** ou piment oiseau. Petit piment très fort.
**séché** les piments séchés sont vendus entiers ou émiettés.
**vert** généralement, il s'agit d'un piment qui n'est pas encore arrivé à maturité, mais certaines variétés restent vertes même à maturité, comme le jalapeño, habanerao, poblano ou serrano.

**POIS GOURMANDS** appelés aussi pois mange-tout.
**germes de pois gourmands** graines de pois gourmands germées.

**POIS SUGAR SNAP** variété de pois très sucrée, intermédiaire entre le petit pois et le pois gourmand. Il se consomme entier. Vous pouvez les remplacer par des pois gourmands.

**POIVRE AU CITRON** mélange d'herbes, épices et zeste de citron. Vous pouvez le remplacer par du poivre noir et du zeste de citron râpé.

**PORC LAQUÉ** ou porc char siu. Le porc est nappé de sauce réalisée avec de la sauce soja, du vin de riz, du cinq-épices et de la sauce hoisin. Il est cuit dans un four spécifique et se couvre à la cuisson d'une croûte sucrée et laquée. Vendu dans les épiceries asiatiques.

**SAMBAL OELEK** purée de piments et de vinaigre d'origine indonésienne.

**SAUCES**
**aigre-douce** mélange d'oignons, de tomates, de poivron, d'ananas, de carotte et d'épices. Disponible dans les supermarchés.
**cantonaise** les sauces cantonaises traditionnelles sont claires, onctueuses et plus fades que les autres sauces chinoises plus sombres et épaisses. Leur arôme est souvent rehaussé par l'emploi de ciboule, sucre, sel, sauce soja, vin de riz, fécule, vinaigre, huile de sésame ou autres huiles.
**coulis de tomate** sauce à base de tomates et éventuellement d'herbes et d'épices.
**pad thaï** sauce de style thaïlandais composée de sauce d'huîtres, de sucre de palme, de sauce soja, de sauce de poisson, de tamarin et d'échalotes. Elle est douce, salée et épicée.
**peri peri** ou piri piri. Condiment pimenté afro-portugais vendu sous forme de sauce, pâte ou poudre. Il est disponible dans la plupart des supermarchés.
**soja** cette sauce est préparée à partir de haricots de soja fermentés. Il existe plusieurs types de sauces soja dans les épiceries asiatiques. Nous utilisons de la sauce soja japonaise, sauf indication contraire.
**tamari** sauce soja foncée à base de haricots de soja et sans froment qui est souvent utilisée dans les sauces soja habituelles.
**Worcestershire** condiment d'origine anglaise préparé avec de l'ail, de la sauce soja,du tamarin, des oignons, de la mélasse, du citron vert, des anchois, du vinaigre et des épices.

**SHIITAKÉS** champignons asiatiques. Lorsqu'ils sont séchés, il faut les faire tremper dans de l'eau avant de les utiliser.

**SUCRE**
**de palme** obtenu à partir de la sève du palmier à sucre. Vendu sous forme de petits blocs arrondis dans les épiceries asiatiques. Remplacez-le par du sucre roux si vous n'en trouvez pas.
**en poudre** sucre blanc cristallisé.
**roux** sucre en poudre issu de la canne à sucre.

**TAMARI** voir Sauces.

**TAMARIN** le tamarinier produit des gousses brunes et veloutées. Elles contiennent de la pulpe collante et des graines qui sont pressées en blocs et vendues dans les épiceries asiatiques. Le tamarin apporte une saveur acide ou aigre-douce aux sauces et aux plats.

**TEMPURA** un mélange japonais de farine de blé et de riz, de fécule et d'épices qui permet de préparer rapidement des beignets de poissons, de fruits de mer ou de légumes.

**TOFU** ou fromage de soja. Il est fabriqué à partir de fèves de soja. Il existe du tofu soyeux, à la texture crémeuse, et du tofu ferme. Le tofu frais entamé peut se conserver 4 jours au réfrigérateur dans de l'eau changée quotidiennement.
**ferme** il s'agit de tofu que l'on fait cailler puis que l'on presse afin de lui retirer son eau. Idéal pour préparer les sautés car il ne se défait pas à la cuisson.

**VIN DE RIZ CHINOIS** vin foncé utilisé en cuisine et préparé à base de riz fermenté, de blé, de sucre et de sel. Il peut être remplacé par du mirin ou du xérès.

**VINAIGRE**
**blanc** vinaigre incolore, appelé aussi vinaigre d'alcool ou vinaigre cristal. Il est obtenu par acétification d'alcool de betterave.
**chinois** vinaigre de riz brun foncé, possédant un goût fort, et servant pour faire mariner la viande ou pour assaisonner les soupes et les sauces.
**de malt** à base de malt fermenté et de copeaux de hêtre.
**de riz** vinaigre ambré et translucide à base de riz fermenté, de sel et de sucre.

**WASABI** appelé aussi raifort japonais. La chair de la racine du wasabi est vert pâle et piquante. Elle est vendue sous forme de poudre ou de pâte.

# TABLE ALPHABÉTIQUE DES RECETTES

# TABLE DES MATIÈRES

## DÎNER AU WOK POUR DEUX



## WOK POUR TOUTE LA FAMILLE

## SOIRÉE WOK ENTRE AMIS



## BAR À WOK

# marabout**chef**

Vous avez choisi *Spécial Wok*,
découvrez également :

*Cuisine d'Asie*
*Spécial légumes !*
*Pasta à toutes les sauces*

TESTÉ 3 FOIS • SUCCÈS GARANTI • TESTÉ 3 FOIS •

Et toute la collection Marabout Chef :




Publié pour la première fois en Australie sous le titre *Wok Simple*.



Hachette Livre (Marabout) - 43, quai de Grenelle - 75905 Paris Cedex 15.

Traduction : Florence Raffy.
Suivi éditorial : Natacha Kotchetkova.
Mise en pages : les PAOistes.
Correction : Véronique Dussidour.

ISBN 978-2-501-07206-9
40.5202.3/08
Dépôt légal : janvier 2011
Achevé d'imprimer en septembre 2013 par Canale Bucarest, Roumanie.